ちくま新書

消費大陸アジア

——巨大市場

川端基夫
Kawabata Motoo

1277

まえがき

　アジアを消費の場として捉えて歩き始めてから、二〇年余りになる。アジアに行くときに、ひとつだけ心がけていることがある。それは可能な限りタクシーを使わないことである。移動はもっぱら徒歩か路線バス。徒歩で移動すると街の構造がよく分かるし、気候も肌で感じることができる。バスでは乗降客がどんな格好をして何を持って乗っているのかもよく分かる。調査先のスーパーに歩いていくと、その周辺に住む人々がどんな暮らしをしているのかがよく分かる。そのうえで、店舗を見ると納得がいくことも多い。

　徒歩でアジアの人々の消費の現場を巡ると、市場に埋め込まれた特別な「何か」を感じとることができる。それは、現地の人々にとってはふだん意識されない当たり前の感覚なのであるが、それが屋台、生鮮市場、スーパー、コンビニなどの店頭の風景に表れている。なぜこういうことになるのか？　という疑問の答えはすぐには分からないが、何かの拍子にふと「そういうことだったのか」と閃くことがある。その瞬間、アジア市場の独特の論理に触れた気がしてとても愉快な気分になる。

これまで各種メーカーから小売、外食、サービス業まで多くの日本企業がアジアに進出し、消費の場面に食い込もうと努力してきたが、思うような成果がでていないところも多い。

その要因が国境を越えた「意味づけ」の違いにあると気づいたのは、一〇年余り前のことであった。本書は、この「意味づけ」の次元でアジアの消費を捉え直し、豊富な事例をもとにアジア市場を「意味づけ」の視角から読みとく愉しさを説いたものである。

ただし、いわば偶然目にした現象の読みときを集めただけでは、市場を読みとく技法は理解できない。「意味づけ」を生み出す仕組みをどのように体系的に捉えればよいのか、これが長年の課題であった。それゆえ、本書では筆者がアジアで考えてきた「フィルター構造」論から「市場のコンテキスト」論を経て「地域暗黙知」論に至る思索の過程も、コンパクトに紹介している。それらの概念は提起した時から一定の時間が経過したため、今回改めて内容を再整理している点に留意願いたい。

本書を通して、アジア市場における意味を読みとく愉しさを多くの方々と分かち合えることを願っている。

消費大陸アジア——巨大市場を読みとく【目次】

序章

世界は意味と価値のモザイク

†消費を共有するアジア

最近アジア各地の街角で、馴染みのある看板を目にする機会が増えてきた。日本のコンビニ、一〇〇円ショップ、ラーメン屋、カレー屋はもとより学習塾や理容店まで、「こんなところに？」と驚く場面が増えている。一方で、日本でアジアからの観光客を目にする機会も増えつつある。行きつけの店のカウンターに、アジアからの観光客が混じる光景も珍しくなくなった。

日本人とアジアの人々が国境を越えて「消費を共有する」時代がやってきているのだ。

しかし、その分、素朴な疑問も増えてきている。アジアからの観光客を見ていると、「なぜこんなところに集まってきているのか?」「なぜこんなものを買うのか?」「本当にうまいと思っているのか?」と首をかしげることが多い。しかし、たぶんアジアを訪れる日本人観光客も、現地の人たちからは同じように思われているに違いない。「なぜ日本人はこんなものを買うのか?」「なぜこんなものに高いお金を払うのか?」と。

つまり、国境を越えた消費の共有は急速に進みつつあるが、その消費の場でやりとりされているモノゴトの意味づけや価値づけに目を向けると、そこには相互にかなりのギャップがあることがうかがえる。

本書は、まさにこの国境を隔てた意味と価値のギャップに着目して、そこからアジア市場の読み解き方を探ろうとする試みである。なお、便宜上、本書で「アジア」という場合は、原則として日本は含んでいないことに留意いただきたい。

†膨らみ深まる企業の悩み

さて、最近の日本企業のアジア進出を見ていると、ずいぶんハードルが下がったなと感じることが多い。まだ数店舗しかない近所のラーメン店が当たり前のように香港やシンガポールに新店を出すかと思えば、いきつけの居酒屋の店主から「この間、ベトナムを下見してきました」という話を切り出される。そこには、かつての海外進出が持っていた勇ましさや特別感は感じられない。海外の消費市場は大企業の独占物ではないことがはっきりしてきたのである。

しかし、華々しいアジア進出の話とは裏腹に、現地で思うような成果を出せていない企業も多く見られる。それは大手企業しかり、零細企業しかりである。そもそも、海外の消費者の心をつかむことはそんなに簡単なことではない。いくら所得が上昇したからといっても、いくら富裕層や中間層が増えたからといっても、彼らはどんなものでも買ってくれるわけではない。そのことはアジアの中でも所得が非常に高いわれわれ日本人の消費行動を見れば容易に理解できる話である。

アジアの人々は何に価値を感じるのか、どんなものが魅力的に映るのか、どうすれば彼らの心を捉えて購買に結び付けられるのか、その悩みはアジア市場に進出する大メーカーからラーメン店に至るまで共通したものとなっている。さらには、アジアからの訪日客を迎えようとする多くの自治体や観光関連業者にとっても、その悩みは大きくなる一方である。

†標準化戦略か適応化戦略か

実は、このような問題を解決する学問が、国際マーケティングと呼ばれる領域である。近年はグローバルマーケティングと呼ばれることも多い。ただし、この領域が現在の多くの企業や自治体の悩みに的確に応えられているかというと、必ずしもそうではない。どういうことであろうか。この背景を知るために、ごく簡単にこの領域での研究の流れを振り返り、その課題を明らかにしておきたい。

さて、この領域は一九六〇年代にアメリカで生まれた。当時、アメリカでは巨大な多国籍企業が次々に誕生し、世界の市場に向けて多くの製品を販売しようとしていたからである。以来、これまで多くの研究者たちがさまざまな議論を繰り広げてきた。詳細は省くが、そこでの議論の焦点は、「標準化─適応化問題」であった。

端的にいえば、海外市場に進出するにあたっては、母国と同じ商品や手法で進出すべきか、それとも現地市場の特性に合わせて商品や手法を変更して進出すべきか、ということが命題となり、それが長年にわたって研究者の間で議論されてきたのである。前者は標準化戦略（グローバル化戦略）と呼ばれ、後者は適応化戦略（ローカル化戦略）と呼ばれる。

標準化戦略は母市場と同じ商品や手法で進出するため、効率的でコストが削減できる。これに対して、適応化戦略は個別の市場特性に合わせるために受け入れられやすい面があるが、適応化を行うためのコストや時間が必要となる。

八〇年代まではどちらが有利かという議論が多かったが、九〇年代以降は二者択一ではなく両者を組み合わせた戦略が論じられるようになる。何（どの部分）を標準化し何を適応化させるのか、つまり何を世界的に統一し何を現地に合わせて変更するのか、ということが議論の中心になってきたのである。したがって、現在では、多くの企業は標準化と適応化をどう組み合わせるのかを探っているのが実態なのである。

とはいえ、筆者がこれまで見てきた限りでは、進出当初こそ標準化と適応化のバランスを探るものの、思うような成果を出せず、次第に現地適応化の方に大きく傾いていくパターンが多い。海外の現場を訪問すると「海外市場は何もかもが日本と違っていますから、結局は適応化の連続です」という声を多く耳にするのが実態なのである。

近年の国際ビジネス関連の本や雑誌記事などを見てみると、日本企業の「現地適応化」のケースを紹介するものが増えてきている。これは研究者も同様で、一九八〇年代後半から九〇年代には標準化＝グローバル化戦略を重視する研究が多く見られたが、二〇〇〇年以降は次第に適応化＝ローカル化戦略を重視する研究が増え、近年では適応化を「前提」とする研究が増えているように見える。企業行動の実態を見る限り、また企業の経験が蓄積されるにしたがって、標準化戦略はあまり現実的ではないという認識が実務家の間にも研究者の間にも浸透してきている。そして、いかに適応化をすればよいかを探ることが、現在のテーマとなっているのである。「グローバル」企業を標榜する企業が多かった時代から、現地適応化も重んじる「グローカル」企業を強調する企業が増えたのも、このような流れを反映している。

†グローバル・ブランド

このように、近年では企業現場（実務家）も研究者たちも現地適応化の方向に軸足を移しつつある中で、その揺り戻しも見られる。それは、行き過ぎた適応化をやめて、世界的に統一する部分を増やしていこうという動きである。そのキーワードが、グローバル・ブランドの確立である。

現地適応化は重要ではあるが、現地市場の特性や消費者特性を正確につかむことは容易ではないし、市場調査には大きな費用も生じる。現地市場に合わせた商品開発も、けっこうなコストと時間を要する。進出先市場が一つや二つの時代ならまだしも、一〇、二〇と増えていくにつれて、そのコストや悩みは急激に膨らみつつある。加えて、いわゆるグローバル人材も不足してきている。現地適応化は現地の情報を的確に把握し、どのような適応化が必要なのかを判断する必要があるが、それを適切に「判断」できる人材の確保や育成が追い付かなくなってきているのである。

一方で、コカ・コーラ、ユニリーバ、マクドナルド、ルイ・ヴィトン、シャネルなど、世界の名だたるグローバル企業を見てみると、商標やトレードマークはもちろんのこと、商品名やデザイン、仕様を厳しく統一するところが多くある。すなわち、世界標準の商品を統一された手法で販売することで、自社のブランド確立に成功しているのである。社名が世界的な信頼を獲得していて、商品イメージが世界的に高い企業は、細かな適応化などしなくても、いわゆるブランド性そのものを売ることで多くの市場に進出が可能となる。むしろ、消費者の方が商品の価値に合わせてくれるようになる、ともいえる。

このようなことから、近年の日本企業は、市場ごとにバラバラであった商品名の世界統一化、デザインの統一化、宣伝手法の統一化、販売管理手法の統一化、人事管理と人材育成の統一化、商品開発や品質管理の統一化（集中管理化）などを行い、社内のさまざまな基準を世界的に統一(標準化)しつつある。そうすることで、効率化を進め、多くの市場で商品や企業の認知度を上げて消費者の信頼を獲得することをめざしている。

したがって現在は、現地適応化を重視しつつも、同時にグローバル・ブランド確立のための標準化も追うという戦略が企業の中に広がってきているのである。研究者の中にもこの新しい問題を追求する人たちも現れており、実態分析と理論の両面で研究が進みつつある。

†目に見える適応化と見えない適応化

以上が、国際マーケティングあるいはグローバルマーケティングと呼ばれる領域で起きてきたことの大まかな経緯である。端的にいうなら、標準化と適応化のバランスをどう図るのかが一九六〇年代以来の各企業と研究者のテーマであり、その葛藤はかたちを変えつつも現在に至るまで継続しているのである。

とはいえ、何をどこまで標準化し何をどこまで適応化させるのかの判断は、実際にはかなり難しい作業である。筆者は、ある消費財メーカーの海外駐在員の方から、次のような疑問をぶつけられたことがある。

「学者先生のいう標準化と適応化のバランスという考え方の基本はよく分かります。でも、そもそも何が標準化で何が適応化なのかって微妙ですよね。商品の見かけは日本とまったく同じでも、日本では安い大衆品として売っているものを、こちらでは所得水準の関係で高級品として売らざるを得ませんので、同一の商品でも消費者へのイメージづけは日本とはかなり異なります。それは標準化なのか適応化なのか、どちらでしょうか」

また、別の企業の海外駐在員の方からは次のような疑問もぶつけられた。

「要するに、目標はその商品の価値や利便性をこちらの消費者にどう理解してもらうかということであって、必要あれば商品の名前やパッケージデザインも変えることになる。そのままの方がよければ変えません。それだけのことです。つまり、商品や売り方を適応化させるかどうか（変えるか変えないか）は、目標達成のプロセスで生じた結果に過ぎないと思います。ですから、それが標準化か適応化かなんてどうでもいいのです。私が知りたいのは、どうしたら商品の価値がこちらの消費者に伝わるのかということです」

この言葉からは、国際マーケティング論が抱える重要な課題が読み取れる。

標準化と適応化の区別は、これまでは主に観察可能なもの、目で見える範囲のもので判断されてきた。つまり、商品のデザインや機能、仕様、販売手法などを変えたのか、変えなかったのかが基準となっている。しかし、標準化と適応化には、目では観察できない次元のものもある。

そもそも企業がめざしているのは、その商品や店舗スタイルが価値あるものとして受け止められること（価値が現地の消費者に理解されること）である。しかし、その場合の価値の内容は、日本と同じものとは限らない。たとえば、日本からソーラー充電式の懐中電灯をある途上国市場に持ち込んだとしよう。日本ではそのハイテク性や耐久性が評価され、非常時の便利商品として意味づけされたが、その途上国市場では非常時だけでなく、もともと電気がない日常の場面で使えることが評価され、「電灯代わり」の商品という意味づけを得て、そこに「価値」が見出されて売れる場合もあろう。

その場合は、外見を一切変えなくても、消費者に対して「電灯代わり」という意味を強調したマーケティングを行えば、それで大きな市場が拓ける場合もある。これは、外見的には標準化であっても、意味づけの次元では現地市場への適応化が行われたこととなる。

筆者は、国際マーケティングの現場が求めているのは、実はこのような意味づけの次元での標準化—適応化問題の研究ではないかと考えている。本書の議論の焦点は、まさにこの問題を検討することである。そこで、この問題についてもう少し具体的に説明していきたい。

†意味と価値の次元へ

マクドナルドは今や一〇〇か国以上の国々に店舗を構え、同じM型アーチの下で、同じ運営マニュアル（手法）に沿って、一部のご当地メニューは除いて、かなり統一されたメニューを提供している。この点では標準化戦略をとっており、しばしばグローバル化の象徴とみなされてきた。しかし、このようなマクドナルドでも、意味と価値の次元から捉えなおすと、まったく別の姿を現す。

たとえば、アメリカ人にとってマクドナルドは、高級感はないが、安くて味にも安心感がある店という意味が強い。昼でも夜でも、一人でも子供連れでも、どんな格好をしていても気兼ねなく入れ、チップも必要が無い貴重なレストランなのである。アメリカでは、ディナータイムは子供が入れないレストランも多いし、服装などのコードにも気を使わねばならないからだ。

一方、インド人におけるマクドナルドは少し高級で洒落た店であり、そこでの食事は週末の家族の楽しみ、ハレの食事の場という意味を持っている。マクドナルド側も、自らをファミリー向けのレストランとして宣伝している。また、中国のマクドナルドは、若者や子供に人気があるファーストフード店という意味を超えて、一人っ子政策の下で大切に育てられた子供が誕生日のパーティーを開く店（開いてみたい憧れの店）という特別な意味を付与されている。事実、多くの店舗がパーティールーム（個室）を備えており、そこで誕生会を開いて友人を呼ぶことが子供や親の憧れでありステイタスともなっている。いわば、そのような価値を提供する場としてマクドナルドというレストランは存在しているのである。

このように、マクドナルドは各市場においてまったく異なる意味を付与され、異なる価値を消費者に提供していることが見えてくる。我々が検討すべき課題は、どうやら目での観察が難しい、意味と価値の次元に隠されているといえるのである。

†世界は意味と価値のモザイク

結論から言うと、海外市場に進出をした日本企業は、そこで思わぬ意味づけや価値づけの洗礼を浴びるケースが多く見られる。日本では便利で使いやすいと評価された商品が、使いにくいと評価されたり、無用の長物（無価値）扱いをされたりする。逆に、日本ではごく当たり前で特段の価値づけもされていないものが、海外で思わぬ高い評価を得ることもある。

このようなことは別に珍しいことではない。近年急増している訪日観光客も、日本のさまざまな事物や風景に対して、日本人が想像もしない意味づけや価値づけをしていることが分かってきている。たとえば、中国人観光客にとっては日本のありふれた農村風景が驚くほど美しく映ることはよく知られる。中国における農村は、経済発展から取り残された貧しい社会の象徴であり、都市住民（都市戸籍所有者）からすれば貧しい出稼ぎ労働者を都市に送り込んでくる場所でしかない。また、農村部の人たちは貧困ゆえに教育を十分に受けていない人も少なくない。このようなことから、都市住民にとって農村のイメージは非常に暗いのである。ところが、日本の農村を訪れてみると、道路は舗装が行き届きゴミ一つ落ちていない。整然とした耕地が広がり、さらに集落には立派な家屋が立ち並んでいる（中国人には別荘のように映るらしいが）。そして、各家庭には自家用車があり、農業も機械化が進んでいる。何よりそこに暮らす人々は教育水準も高く、近くには大型スーパーもあって何でも揃っており、都市部とたがわぬ豊かで快適な日常生活を送っている。これはまさに驚愕の風景に他ならない。

同じ風景が、日本人と中国人とでは、まったく異なる意味を持ち、消費者にまったく異なるメッセージを与えるのである。その結果、中国人観光客にとって、日本の農村は中国と日本の違いを最もよく感じ取れる興味深い場所であり、同時に日本という国や国民生活の水準が一目で理解できる場所となっている。つまり、「ぜひ訪れてみたい」と思わせる魅力と価値があるといえる。

このような意味づけや価値づけの日中の地域間ギャップと同じことが、実は海外市場に持ち込んだ日本の商品を巡る意味づけや価値づけにおいても日常的に生じているのである。一つの同じ商品や店舗が、世界のそれぞれの市場でまったく異なる意味と価値を持つことが、世界のあちこちで生じているのである。

換言すれば、世界は多様な意味づけと価値づけを行う場所の集まりなのである。「世界は意味と価値のモザイク」と言ってもよかろう。国境を越えるごとに、そこには異なる意味づけと異なる価値づけをする「仕組み」が存在している。日本で生まれた商品には、日本の文脈の下で、特定の意味づけと価値づけがなされている。それを別の国（市場）に持ち込めば、まったく異なる文脈の下で異なる意味づけがなされたり、価値づけがなされたりするのは、いわば当然のことであろう。

この異国での異なる意味づけと価値づけは、当該の商品にとって好ましいものもあれば、好ましくないものもある。好ましい場合は、それを維持・強化する方策（マーケティング戦略）を立てる必要があり、好ましくない場合は意味づけを変える方策を立てる必要がある。それを各市場で繰り返していくことで、その商品が世界各地で高い価値を消費者に提供していく、これがグローバル戦略のひとつの姿だと考えられる。ただしこの場合、市場ごとの価値の内容は必ずしも同じ（同質）であるとは限らないことには留意が必要である。

†「意味づけ」「価値づけ」を巡って

ここで、本書のキーワードとなる「意味づけ」や「価値づけ」という言葉について少し補足をしておきたい。「意味づけ」については、マーケティングの世界では以前から検討されてきたテーマでもある。人は商品をどのように意味づけ、価値づけて購入するのか、という根本的な消費（購買）行動を理解するキー概念と見なされてきたからである。また近年では、SDロジックという新しい視点からの「価値づけ」の再検討も行われつつある。詳細はここでは触れないが、それらの中には本書の議論に通じる部分も見られる。

ただし、それらは基本的に個人レベルの消費・購買行動における意味づけや価値づけを議論したものである。そこには、市場（地域）レベルでの意味づけや市場の文脈を捉えるという視点はない。本書は、海外の消費市場でのマーケティングを前提に、海外における市場（地域）レベルでの「意味づけ」や「価値づけ」がもたらす影響を正面から捉えたものである。それゆえ、後に述べる「フィルター構造」「市場のコンテキスト」「地域暗黙知」といった市場（地域）レベルで意味や価値を生みだす仕組みを捉える概念を検討している点が大きな特徴となっている。日本企業の海外市場での経験を「意味づけの次元」から捉え直して紹介しつつ、消費市場の解読法を検討した本書は、これまでにない立ち位置をとるものであることを理解していただきたい。

本書の構成

最後に本書の話の流れ（構成）を述べておく。まず第1章では、日本の商品や店舗がアジア市場で思わぬ意味づけや価値づけをされたケースを紹介し、本書のキーワードである「意味づけ」「価値づけ」の問題を捉えることの重要性と面白さを示したい。次の第2章では、意味や価値の違いを生み出す社会のしくみに光をあて、それぞれの市場に備わる「フィルター構造」の存在を提示したい。さらに第3章では、意味や価値を生み出す市場要因をさらに幅広く捉え、各市場に存在する脈絡に注目して「市場のコンテキスト」という概念を提示する。ここまでは市場の側に着目した検討であるが、第4章では意味づけや価値づけを行う主体の側に光を当てる。すなわち、アジアの中間層（消費者）に注目し、その実像に迫ると共に消費行動上の特徴を明らかにする。そして終章では、市場のコンテキストの理解を妨げている「所得要因の偏重」と「文化要因の濫用」という二つの課題をどう克服すればよいのかを検討する。それをふまえて、意味づけを生み出す根源ともいえる「地域暗黙知」の存在に注目し、我々が検討すべき真の課題を示したい。

第１章

ポカリスエットはなぜ インドネシアで人気なのか?
——「意味」と「価値」の地域差

ワルン(雑貨店)で販売されているポカリスエット(ジャカルタ)(提供:大塚製薬、2013年撮影)

1 人はなぜ「渇きを癒す」のか

†インドネシアでポカリスエットを売る

いうまでもなく、「ポカリスエット」とは大塚製薬が製造販売する飲料水である。一九八〇年に日本で販売が開始されて以来、根強い人気が続く長寿ヒット商品である。日本ではスポーツドリンクというイメージが強いが、正しくは発汗で失われた水分とイオン（電解質）を補給する飲料であり、大塚製薬が医療機関向けに製造販売してきた点滴剤の製造ノウハウをベースにした飲料水である。それゆえ、「飲む点滴剤」が開発時のコンセプトであった。したがって、スポーツの場面のみならず、体の渇き（発汗や脱水症状）をもたらす多様なシーン（場面）で飲まれることを想定した飲料水である。たとえば、風呂上がり、二日酔い、寝起き、乗り物の中などである。

このポカリスエットは一九八二年以来、海外市場でも販売されてきており、二〇一七年

図 1-1　インドネシアで販売されているポカリスエット（提供：大塚製薬）

時点で東南アジアから中東にまたがる二〇の国と地域で販売されているグローバル商品でもある。しかし、海外市場で販売することは決して容易ではなかった。中でも、インドネシア市場での初期の苦戦は一通りではなかったとされる。ところが、現在、インドネシア市場はポカリスエットが海外で最も大きな成功を収めた市場とまで言われるようになっている。

果たして、インドネシアで何があったのか。ここではその顚末を紹介し、その成功ストーリーの裏に潜む、グローバル化のカギを読み取っていきたい。

さて、大塚製薬がインドネシア市場でポカリスエットを販売し始めたのは一九八九年のことであった。当初は日本からの輸出販売であったが、一九九七年にはインドネシア企業との合弁で工場を建設、本格的に市場への参入をめざした。

ところが、意気込んで進出したものの、当初はさっぱり売れなかった。まず、日本で定着していた「体の渇きを癒すイオン飲料」という基本コンセプトがまったく通用しなかったのだ。体（喉）が乾くシーンといえば、日本でならスポーツの後や風呂上がり、飲酒後（二日酔い）などが思い浮かぶ。実際、日本ではそのようなシーンを想定したマーケティングが展開され効果をあげてきた。したがって、インドネシアでも当初は日本と同様のシーンを想定したマーケティングでの市場開拓がめざされた。

しかし、インドネシア人の多くは熱帯の気候下でわざわざスポーツに汗を流そうとは思わないし、かといって湯に浸かる習慣がない（シャワーのみ）ので風呂上がりに喉が渇くこともない。また、酒が禁じられているイスラム教徒が大部分のインドネシアにおいては、二日酔いになる人もほとんどいない。つまり、どのようなシーンでポカリスエットが必要になるのか、有用であるのか、価値があるのかを的確に消費者に伝えることができなかったのである。しかも、価格は他の競合飲料よりも三〜五割高く、その点でも不利であった。結果、思うように売れない日が続いた。

そうこうするうちに、業績不振が続くことに耐えかねた合弁先のインドネシア企業が、合弁事業の解消（資本の引き上げ）を申し出てきた。いわば三行半《みくだりはん》をつきつけられたのである。それほど事態は深刻であった。幸い、その後に新たな現地パートナーが見つかり、事業は継続されることとなったが、大塚製薬はインドネシアでのマーケティング戦略の抜本的な練り直しを迫られた。

†価値シーンの現地化が巨大市場への窓を開く

二〇〇〇年になって新しい体制をスタートさせるにあたり、まず行ったことは、ポカリスエットの価値が発揮される「発汗」や「渇き」のシーンを根本的に捉えなおすことであった。そこで注目されたのが「デング熱」だった。これは、蚊が媒介して広がるインドネシアの風土病で、それに冒されると数日間は四〇度以上の高熱と激しい下痢が続き、深刻な脱水症状に陥る。大塚製薬が目を付けたのが、このデング熱がもたらす脱水症状のシーンだった。

つまり、デング熱患者向けの水分補給剤として、医療機関や医師に売り込む方向に転換したのである。営業マンが医療機関を一軒一軒訪問し、医師に対してデング熱時の医薬品代替として患者に勧めてもらうよう働きかけを行った。それは、非常に地道で時間のかかるマーケティング活動であった。

地道なマーケティングが三年あまり続いた二〇〇四年、大塚製薬にとって大きな転機が訪れる。それは、デング熱の大流行であった。これにより、ポカリスエットがデング熱時の水分補給剤として広く認知されるようになった。つまり、ポカリスエットは、スポーツ時の「渇きを癒す」飲料から、デング熱時の「渇きを癒す」飲料（医者が勧める医薬品代替）に見事に変身を遂げたのである。

こうして、大塚製薬はインドネシアでのひとつの価値シーン（価値が生まれる場面）にたどり着いたのであった。この転換は、いわば「価値シーンの現地化」に他ならなかったが、その後はさらなる展開をしていく。

二〇〇四年のデング熱の大流行を過ぎたころから、脱水症状のシーン全般に効果がある飲料としてポカリスエットが消費者の間で意味づけられていった。そもそもインドネシアで、脱水症状を引き起こしているシーンは、デング熱だけではなかった。むしろ、最も多くの人々が経験する脱水症状は、イスラム教のラマダン時の脱水症状シーンであった。

よく知られるように、イスラム教では一年のうち約一ヶ月間は断食（サウム）が課せられている。ラマダンと呼ばれる断食の月は、日の出から日没までの間は食べ物はもちろん水さえも口にできない。敬虔なイスラム教徒は、自分の唾さえも吐き出す。つまり、一切の水分をとらないのである。ただでさえ暑いインドネシアの気候下で、この断食を行うとどうなるか。いうまでもなく、日没の頃には多くの人が軽い脱水症状を起こしている。とりわけ、老人や子供には、このラマダンの脱水症状は体にこたえる。

当初は、現地の宗教に関わるデリケートな部分にマーケティングをかけることには戸惑いもあったようであるが、現地の営業スタッフの後押しもあり、二〇〇五年からはラマダン明けの脱水シーンへの働きかけも進めていった。すでに、デング熱時の激しい脱水症状に効くという認識が広まっていたこともあり、ラマダン後に飲む人も急速に増えていった。つまり、「ラマダン明けの渇きを癒す」という価値シーンの出現である。ポカリスエットの価格は他の飲料水よりも一・五倍余りするのであるが、それにもかかわらず飛ぶように売れ始めたのである。とくに子供や年老いた親のためにと、多少無理をしてでも買う人が増えていった。かくして、現在のインドネシアでは、スーパーはもちろん、街角の屋台（ワルン）においてさえも、一番目立つところにポカリスエットが並ぶようになっている（本章扉写真参照）。

重要なことは、このポカリスエットが価値を持つシーンの発見によって、一気に巨大市場を手にしたことである。どういうことかというと、インドネシアは日本の二倍の二億四〇〇〇万人の巨大市場なのであるが、スポーツやデング熱による渇きのシーンを想定していた段階では、そのごく一部分しか捉えることができていなかった。それが、このラマダン明けの「渇きを癒す」というシーンにたどり着いたことによって、全人口の八割を占める二億人のイスラム教徒すべてを市場に取り込むことができるようになったのである。まさに、巨大市場への窓を開いたみごとな転換であった。

†ポカリスエットから「意味次元の適応化」を学ぶ

このインドネシアでのポカリスエットの話は、以前から経済雑誌やインターネット記事などでも取り上げられてきたので、ご存じの方も少なくなかろう。たまたま、イスラム教がらみの話であったがために、これまでの記事では、この話を「現地文化への適応」の成功事例として紹介するものが多かった。要するにイスラム文化への適応が市場を拓いた、という理解である。もちろん、そういう見方も間違ってはいない。

しかし、この話はもっと大きな示唆を含んでいる。この話のポイントは、ポカリスエットがデザインや機能などの変更を一切しないで、ただポカリスエットの価値が伝わるシーン、つまり「渇きを癒す」の「意味」を変えるだけで巨大な市場を獲得できたという点にある。すなわち、スポーツ時の渇き、デング熱時の渇き、といった意味ではなく、ラマダン明けの渇きを癒す飲料だと意味づけされたとたんに、一気に二億人の消費者にとって大きな価値を持つ商品に変貌したのである。

国境を越えて、海外市場で何かを売ろうとする場合、確かに相手国の消費者特性や文化への適応化は重要なことである。しかし、適応化には、二つの次元のものがある。一つは、進出先の事情や文化に合わせて商品のデザインや機能を変えるという適応化（目で確認できる適応化）である。これは従来から指摘されてきた一般的な適応化であるが、ポカリスエットのケースは、もう一つの適応化次元の存在を示してくれている。すなわち、日本とまったく同じ商品であっても、その商品が価値を発揮するシーン（商品を意味づけるシーン）を変えて（現地化して）やるだけで、買わずにはいられない商品となることである。これは見た目では確認できない現地適応化でもある。

換言すれば、これは「意味次元の適応化」だと言えるだろう。意味づけを変えることで、日本と同じ仕様の商品が持つ価値を相手市場の人々と共有できたのである。つまり、日本とインドネシアとの間における「価値の地域差」を乗り越えたといえる。

もちろん、逆に意味を同じにするために外見を変える場合もあろう。いずれにせよ、どのような意味において、その商品が価値を持つのか、有用であるのかが問題なのである。国境を越えることは、このように意味づけの変更に迫られることでもある。この点について、さらにいくつかの日本企業の経験を紹介してみたい。

2 人はなぜ「カウンター」に座るのか

†アメリカで牛丼を売る

「はやい、うまい、やすい」（現在は「うまい、やすい、はやい」）は、言わずと知れた牛丼の吉野家のキャッチコピーである。そもそも牛丼は、明治時代に東京の魚河岸で働く人々のために考案されたものであった。魚河岸で早朝から時間との競争で重労働に従事する人々は、食事をする時間などまともにとれない。そこで、吉野家の創業者である松田栄吉氏が、当時は日本橋にあった魚河岸で時間に追われる男たちを待たせないように、さっと出せてさっと食べられるもの、それでいて旨くてボリュームもカロリーも満点、しかも安いという丼メニューを考案した。それが吉野家の牛丼だったのである。

つまり、牛丼はまさに魚河岸のファストフードだった。この牛丼のコンセプトを端的に表したものが、「はやい、うまい、やすい」というコピーに他ならない。戦後、築地市場で再開店した吉野家は、一九六〇年代末から急激に多店舗化を進めて全国に展開していった。店舗数は一九七七年に一〇〇店舗を超えたが、その翌年には二〇〇店舗に達するというすさまじい勢いであった。

この吉野家がアメリカに出店したのは、この多店舗化を進めている最中の一九七五年二月のことであった。当時は、「ビーフボウル（牛丼）のアメリカ進出」としてマスコミも注目し話題となった。ただし、この進出は純粋な国際化（市場の拡大）戦略ではなく、「ある事情」による窮余の策であった。

国内で急速な多店舗化を進めていた当時の吉野家は、一つの深刻な課題を抱える。それが、牛肉不足であった。そこで、一九七三年に牛肉の卸売業者が集まるアメリカのデンバーに子会社を設立し、そこで仕入れた牛肉を日本に輸出する体制を構築した。しかし、その直後に、大事件が起こってしまった。なんと日本政府が国内の畜産業の保護のため、アメリカからの牛肉の輸入を禁止してしまったのである。これからという矢先に仕事（収入源）を失ったアメリカの子会社は、輸入中止になった事態の様子見をしつつデンバーで牛丼店を始めたのである（詳細は川端二〇一〇を参照）。

当時の駐在員は、「とにかく何もすることがなくなったのです。日本で長らく店頭に立ってきましたから、店の運営はお手の物でした。そこで、とりあえずは店でもやろうということになったのです」と当時を振り返っている。これが、アメリカ市場への進出の始まりであった。

ところが、吉野家はこのアメリカ市場で、二つの大きな誤算を経験したのである。国境を越えた牛丼チェーンが、アメリカでどのような経験をしたのかを見ていこう。

†価値が伝わらなかった牛丼

吉野家の誤算の一つ目は、牛丼というメニューそのものの価値が、いわゆる「アメリカ人」にはうまく伝わらなかったことである。

日本人にとって丼といえば、スピーディーに食べられてボリュームのある（腹もちが良い）手軽な料理を意味する。吉野家の「はやい、うまい、やすい」の「はやい」を支える重要な要素である。しかし、米飯食そのものへのなじみがなかった多くのアメリカ人（白人や黒人）にとって、米は主食ではなく、どちらかというと畑で獲れる野菜というイメージが強かった。したがって、米飯をメインにお腹を膨らませることへの違和感も強かった。

さらに、「丼」という食べ方（調理法）への抵抗感もあった。ごはんと具のタレが混ざり合った状態（べちゃべちゃした食感）を嫌がる人もいたし、ごはんの下に何かが入っているのではないかと探す人、具だけを先に食べてしまい残った白ごはんに醬油をじゃぶじゃぶとかける人など、戸惑う人も少なくなかった。さらには、アメリカ人にとって、吉野家の牛丼はさほどボリュームのある食べ物でもなかった。

しかし、彼らが最も抵抗を感じたのは、上にのっている牛肉の脂身の多さであった。そもそも、吉野家の牛丼の旨さは、牛肉の薄さが生む食感（日本人好みの柔らかさ）と脂身がもたらす独特の甘さが重要な要素となっている。それゆえ、日本では赤身と脂身の比率が六対四に設定されている。つまり、「はやい、うまい、やすい」の「うまい」は、四割を占める牛肉の脂身が支えているといって過言ではない。

しかし、牛肉といえば赤身しか食べてこなかったアメリカ人には、脂身の旨さを理解するのは難しかった。折しも一九七〇年代のアメリカでは健康食ブームが起きつつあり、いわゆる中産階級の消費者は食事のカロリー量を気にしていたため、牛丼は高カロリーで不健康なものに映ってしまったのである。それに対応するため、吉野家は脂身の比率を減らして赤身の割合を増やしていった。しかし、赤身が多くなり過ぎるとパサパサして味や食感が落ちる。それゆえ、現在のアメリカでは脂身を三割に減らす程度にとどめている。このことが、脂身を気にするアメリカ人には依然として受けがあまりよくない状況をもたらしている。

†牛丼の価値を伝える適応化策

アメリカで牛丼の価値を伝えるために、吉野家がまず初めにやったことは、出店エリアを大きく変えたことであった。つまり、デンバーを離れ、米飯を食べなれた人たちが多く住む地域に移動したのである。その地とは、日系人や韓国系・中国系の住民が多く住むカリフォルニアであった。

ただし、カリフォルニアにはアジア系だけでなく、中南米からの移民、いわゆるヒスパニック系（スペイン語を話す人たち）の人たちも多く住んでいることも選択理由のひとつにあった。日本人にはイメージが薄いが、中南米では米が主食の地域が多く、人々は日常的に米を食べている。だから、ヒスパニック系の人たちにとっては米飯に対する抵抗感もなく、吉野家のターゲットになったからである。現在、カリフォルニアでの来店客は、アジア系が三割、ヒスパニック系が四割を占めているとされる。

アメリカ市場と一口に言っても、そこには価値のモザイク(この場合は食文化のモザイク)が存在しているのであって、それが地域ごとの参入ハードルの高低の異なりを生んでいる。吉野家にとって進出市場を変えることは大きな決断であったが、そのモザイクを慎重に見極めることの重要性を学んだ移動であったといえよう。

吉野家が行った二つ目の対応策は、ヘルシーなイメージを強調するための新しいメニューの開発であった。先述のように、牛丼は脂身の多さからアメリカ人のイメージはあまりよくなかった。そこで、吉野家のイメージを転換すべく開発されたのが「チキン丼」であった。

これは文字通りグリルしたチキンのスライスをご飯の上に載せ甘辛いタレをかけた丼で、チキンの傍らには茹でた野菜(カリフラワーと人参とブロッコリー)が盛られている。鶏肉のカロリーの低さや野菜のヘルシーさをアピールすることでアメリカ人の健康意識をくすぐったが、それ以上に鶏肉という食材はヒスパニック系の人たちの心をつかんだ。実はヒスパニック系の人たちは、鶏肉が大好きなのだ。このようなこともあり、チキン丼はまたたく間にアメリカ吉野家の人気メニューとなった。

そもそも、鶏肉はもっともグローバル化がやりやすい肉である。牛肉や豚肉は地域や宗教によって忌避されることがある。たとえば牛肉はヒンズー教徒が多い地域では受容されないし、仏教徒の一部にも食べない人たちがいる（台湾など）。豚肉はイスラム教徒やユダヤ教徒には受容されない。しかし、鶏肉を忌避する人は、ベジタリアン以外はないといって過言ではない。イスラム教の人々にとっても、鶏肉は安心感を与える食材である（イスラムの正しい手続きによって屠殺されるという条件付きではあるが）。このようなことから、鶏肉は「グローバル食材」だということができる。実際、吉野家の海外店には、国を問わず鶏肉を使った多様な丼がある。

当時のアメリカ吉野家がどこまで戦略的にチキン丼を開発したのかは不明であるが、結果的にはグローバル化にとって必要不可欠なメニューを手に入れた。このことは、その後の国際展開にとって大きな転換点だったといえる。

ただし、吉野家は看板商品の牛丼については一切の変更を加えなかったことも記しておかねばならない。牛丼は牛肉もそれを煮込むタレの味も、日本と海外でまったく同じにしているのだ。牛丼のタレは、店舗数の多い中国大陸とアメリカ以外の市場には、味がぶれないようにすべて日本から輸出している徹底ぶりである。そこまでこだわる理由は、牛丼の味は吉野家のアイデンティティであり吉野家のブランドそのものに他ならないからである。前社長の安部修仁氏も、「もし吉野家の牛丼の味が受け入れてもらえない市場があれば、そこには吉野家の市場はなかったと考える（その市場からは撤退する）ことにしている」と述べている（川端二〇一六）。つまり、牛丼については、その味が受容される市場でだけ販売する、味を変更してまで新市場に出ることはしない、というのが基本的な姿勢なのである。

つまり吉野家は、牛丼については頑《かたく》なに標準化を貫くが、一方でそれ以外のメニューについては柔軟に適応化をして新しい丼を開発することをグローバル戦略の基本としている。その結果、フィリピンではエビ天丼が、タイでは鳥天丼が、シンガポールではサーモンフライ丼が、中国大陸ではトンポー（豚角煮）丼が販売され、さらにマレーシアや中国ではカレーまで提供されるという柔軟な適応化が図られているのである。

†アジア市場での牛丼

アメリカでは苦労した吉野家であったが、ではアジアではどうであったのか。二〇一七年六月時点で、吉野家はアジアの九つの国と地域に進出している。アジアの海外店舗数の総数はすでに六五〇店近くに達しており、そのうち約四五〇店が中国（香港含む）市場で展開されている。アメリカ市場が一〇〇店余りであるから、中国大陸は実にその四倍以上となっている。吉野家の海外での主戦場は、アジアとりわけ中国市場であることが分かる。吉野家の中国進出は一九九一年の香港進出を足掛かりに、一九九二年に北京、二〇〇〇年に大連、二〇〇二年に上海、二〇〇八年に福建と、大陸沿岸部を中心に広域展開を進めてきた。

では、この中国大陸での牛丼の価値はどのようなものだったのか。

一般に、中国の消費者は豚肉を好む傾向が強いが、地域別の違いも大きい。歴史的にみると、東北三省（黒龍江省、吉林省、遼寧省）の満州族や内モンゴルのモンゴル族の間では以前から牛肉や羊肉がよく食べられてきたものの、漢民族の間では牛肉はほとんど食べられてこなかった。むしろ牛肉は価値の低い食材とみなされてきた。経済的な側面からみると、豚肉は生産効率がよいため流通量が圧倒的に多く価格も安かったのに対して、牛肉は流通量も少なく質もよくないため美味しくなかったことがある。そのため、東北三省でも中高年の人はさほど牛肉を食べてこなかった。このことから、牛丼が持ち込まれた一九九〇年代においては、多くの中国人にとってそれは「新しい食べ物」だったといえる。

　したがって、中国人消費者にとって吉野家は、牛肉を価値の高いかたちで提供する先進的な飲食店、新しいもの好きの若者向けの店という意味づけがなされてきた。ただし、アメリカで障壁となった脂身の多さは問題にはならなかった。中国人は、すでに豚肉の脂身の旨さを理解していたからである。脂身の多い豚バラ肉を使ったトンポー丼が人気メニューとなったのがその証左である。その点では、牛丼そのものの価値は比較的容易に共有された。

　このことから、吉野家の課題は中高年をはじめとする牛肉を好まない顧客をいかに摑むのかにあった。そのために、中国では牛丼以外のメニューがいろいろと提供されるようになる。たとえば、先にも述べた豚の角煮がのったトンポー丼（最初は台湾で開発）、アメリカで開発されたチキン丼、牛丼とチキン丼の合わせ盛り丼、さらには日本風のカレー、ラーメン、石焼ビビンバ、さらには朝食用にフレンチトースト（北京など）までもが提供されている。また味つけも中国人の好みに合わせて、通常のもののほかに唐辛子が入ったピリ辛のものや温泉卵が載ったものなどが用意されている。一時期は、サーモン丼やサバのみそ煮丼、サイドメニューには日式餃子（薄皮焼き餃子）、コロッケなども提供されていた。

このように、中国市場では地域や世代間で牛丼の価値共有の程度が異なったため、多様な世代、多様な嗜好を取り込むためにメニューの現地化がすすめられた。牛丼は日本と同じ味で一貫して提供されてきたが、それ以外のメニューは地域や時期によってかなり柔軟に変化してきた。

しかし、日本人からすればかなり自由で大胆な適応化がなされているように見えるメニューにも、よく見るとある共通性がうかがえる。それは、新しいメニューは、すべて中国人消費者が「日本らしさ」を感じるものであることだ。ラーメンや日式餃子あるいはビビンバがそれに該当するのかは日本人にはやや理解しがたいが、中国の消費者にはあまり違和感がないようだ。つまり、それらのメニューには中国におけるローカルな意味づけがなされていることがうかがえるのである。

このあたりのローカルな意味づけの感覚が理解できるかどうかが、中国市場での適応化の成否を決めるファクターだといえよう。

†機能しなかったカウンター

さて、話を戻すが、アメリカに進出した吉野家の誤算の二つ目は意外なものであった。

近年は多様なデザインの店舗もできつつあるが、吉野家といえば、店の中央に設置されたカウンターを思い浮かべる人も多かろう。カウンターがあると客は一人でも遠慮なく店に入れて、さっとカウンターの空席に着き、さっと注文ができる。店員は調理場から出来上がった牛丼を受け取ると、最短距離の動線でカウンターの内側から客に牛丼を出すことができる。そして、客は出された牛丼をさっと食べ、さっとお金を払い、さっと店を出ていく。このような客と店員のスピーディーな行動を生み出す魔法の装置が、カウンターなのである。これが客の滞在時間を短くして回転率を大きく向上させ、薄利多売の効率的な牛丼商売を成立させていた。このように、吉野家にとっては、このカウンターこそが効率性を生み出すものであり、ビジネスモデルを支える基本装置であった。したがって、アメリカの一号店にも図1−2のように、当然のこととして店の中央に大きなカウンターが設置された。

図1-2　アメリカ1号店（1975年）
（提供：吉野家）

ところがこのカウンター、白人や黒人の

みならずアジア系やヒスパニック系の人々にもすこぶる評判が悪かった。アメリカで暮らす人々にとって、カウンターはバーやダイナー（庶民的な食堂）で目にするものである。カウンターの内側にはバーテンダーや調理人などがいて、客は飲み物や料理を作る姿（一種のパフォーマンス）を眺めることができるし、店員と話をすることもできる。いわば、カウンターは店と客とをつなぐコミュニケーションのための装置であり、それを求めない人（一人で静かに食べたり、家族や友人と会話を楽しむ人）はテーブル席に着くという暗黙のルールがあるのだ。たとえば、ダイナーでは細長い店内に中央の通路を隔ててカウンターとテーブル席が並ぶ店が多いが、カウンターに座る人はカウンターの内側にいる馴染みの店員と会話を楽しみ、テーブル席に着く人は新聞や雑誌に目を通したり友人と会話しながら食事をとるというのが一般的な光景なのである。

しかし、吉野家のカウンター席はこのような感覚の人たちからは理解不能な存在であった。というのも、カウンターに座っても内側には誰もいないし、何か面白いパフォーマンスが見られるわけでもない。調理場ははるか遠くにあって中の様子はほとんど見えない。店員は奥の調理場から牛丼を持ってきてカウンターの内側から出してくれるが、すぐに立ち去ってしまう。つまり、吉野家のカウンターは店と客とを分断するだけの存在となっており、そこでのコミュニケーションはゼロである。そのため、アメリカ人にとっては何の意味も価値もないものに映ったのである。

実際、客はカウンターには寄り付かず、みんな店内の壁際に設けられたテーブル席の方に着いたとされる。しかし、メニューは牛丼（ビーフボウル）しかないので、テーブルで食べる食事としてはやや寂しいものになってしまう（当初はサイドメニューが一切なかった）。カウンターこそが吉野家の象徴だと信じていた日本人スタッフが、実はそれが客足が伸びない要因の一つになっていることに気づくまでには、五年の時間が必要であった。

図1-3　改装されたカリフォルニアの店舗（1980年頃）（提供：吉野家）

結局、吉野家はカウンターを取り払うことを決断した。図1－3は一九八〇年頃にカリフォルニアに出店された店舗である。見ての通り、カウンターはなくなり、まるでマクドナルドのようなレイアウトとなっている。すなわち、まずはレジカウンターで注文をして支払いを済ませ、商品を受け取った後は、店内の好みのテーブルに座る方式である。これを、ウォークアップ方式という。また、牛丼の容器は、それまでの日本と同じ瀬戸物の丼から、発泡スチロールの軽い容器に変更された。これらの転換によって、吉野家はアメリカ人にとってよく分からない不思議なアジア系レストランから、彼らがイメージするファストフード店にぐっと近づくことができた。

こうして、吉野家はアメリカのカリフォルニアで、アジア系とヒスパニック系をメインの顧客とする店として定着するようになり、二〇一七年六月時点で一〇一店舗を展開するまでに発展している。

†アジアにおけるカウンターの評価

牛丼そのものの価値共有は、米飯を食べる人々（とくに華人系住民）が住むアジア市場では、中国以外でも比較的容易に進んできた。では、アメリカで苦戦した店舗レイアウト、つまりカウンターについてはどうだったのだろうか。

アジア市場への進出は、アメリカ進出から一三年後の一九八八年に進出した台湾から始まった。台湾の一号店が開店した時には、すでにアメリカの店舗からはカウンターは消えていたが、台湾では再び日本の店舗同様に大きなカウンターが設置された。先述のごとく、カウンターは吉野家のビジネスモデルを支える象徴的存在であったからだ。

しかし、台湾の人たちのカウンターに対する評価は、アメリカ以上に厳しかったとされる。進出当時の台湾は工業化が急速に進み、所得も急激に向上していた。人々の消費意欲は旺盛で、週末の家族での買い物や食事が新しい楽しみとなっていた。よく知られるように、台湾の人々は日本に対する印象が非常に良く、日本への関心も高い。したがって、日本から有名な牛丼チェーンが来ることを心待ちにしていた消費者も多かった。

台湾であれ、中国大陸であれ、華人のハレの外食は家族やグループでにぎやかにテーブルを囲むのが常識である。ところが、待ちに待って家族連れで訪れた台湾の人たちを待ち構えていたのは、大きなカウンターだった。当時の台湾の人たちにとって、吉野家はまぎれもなく日本の憧れのレストランとして意味づけられていた。それにもかかわらず、家族がカウンターに一列に並んで食べねばならなかった彼らの無念さと落胆ぶりは、察して余りある。

吉野家としては、台湾でも日本同様に若者が一人、二人で来店することが想定されていたことがあり（それゆえ一号店は台北駅前の予備校街に出された）、カウンターが不評を買うことはまさに想定外のことであった。とはいえ、実際は家族客だけでなく、若者たちにもカウンターで食べるのは会話しづらいし侘《わび》しいと評判がよくなかった。結局、初めてアジアの国境を越えた当時の吉野家には、日本での「丼物の格安ファストフード店」という吉野家への意味づけが、台湾では「憧れの日本レストラン」に変化することが十分に読めていなかったといえる。

かくして、台湾においてもカウンターはほどなく廃棄された。アメリカ同様に、マクドナルドのようなウォークアップ方式の店舗に改修されたのである。この経験を踏まえて、吉野家は、以後アジアにおいてもカウンターを備えた店舗は出さなくなった。実は、世界で二〇〇〇店近くある吉野家の店舗のうちカウンターを備えているのは、なんと日本の吉野家の店舗（約一二〇〇店）だけといって過言でないのである（近年は日本でも多様な店舗ができつつあるが）。カウンターに対する日本人の意味づけ（思い）が、いかにローカル（日本独特）なものであるのかがよく分かろう。

このことを逆に捉えるなら、海外から日本に進出する外食企業は、カウンターが有する日本での独特の意味づけを理解しないといけない、ということになる。

†吉野家の経験から何を学ぶのか

この吉野家のアメリカでの経験は、少なくとも三つの重要な示唆を与えてくれる。

まず一つ目は、進出先の消費者との価値共有には複数のアプローチが存在することだ。すなわち、意味づけを変更することで価値を伝えるアプローチと、価値を理解してくれる相手（市場）を選びなおすというアプローチの存在である。ポカリスエットの場合は、スポーツドリンクからラマダン後の飲料に意味づけを変えてやることで価値共有に成功したが、吉野家の場合は、牛丼の価値を理解してくれる人々が多く住むカリフォルニア市場に変更することで価値共有に成功したのであった。

すなわち、進出先市場の消費者の中には、当然、所得も宗教も食文化も異なるさまざまな人たちがいる。アメリカ市場では、白人や黒人といった人たちには牛丼の価値がなかなか理解されなかったものの、米飯食に慣れたアジア系やヒスパニック系の人たちとは価値共有が容易であった。吉野家はそこに市場を見出したのである。かくして吉野家は、その後はカリフォルニア州に集中的に出店していくこととなった。現在も、全米一〇一店舗のうちラスベガスの店舗を除くすべてがカリフォルニア州にある（一時期はニューヨークにも二店舗出したが今はない）。利用客は、やはりヒスパニック系とアジア系の住民がほとんどを占める。

とはいえ、カリフォルニアという市場だけでは成長に限界があるため、吉野家にとって、それは一つのステップに過ぎない。ポカリスエットのようにより多くの人々に受容されるためには、やはりアメリカ市場で牛丼にどのような意味づけをしてやるのか、つまり意味づけの変更がカギを握る。それが今後の課題といえよう。

二つ目は、商品（メニュー）の標準化と適応化の組み合わせで市場を拓くことである。吉野家は、牛丼については見かけも味も日本と完全に同じにする（標準化する）ことにこだわりつつも、他のメニューはチキン丼など現地適応化を進めた。この標準化と適応化の組み合わせこそが、「牛丼の吉野家」というレストランのアイデンティティを損なわないままに、世界に拡大できた仕組みでもあった。吉野家は、現在でも牛丼については厳格な標準化（日本との同一性）を貫く一方で、他のメニューはサイドメニューも含めて、かなり柔軟な現地適応化を行っている。

三つ目は、商品のみならず、店舗のレイアウトやデザインも、市場参入のカギとなることである。吉野家のカウンターのように、店舗レイアウトにも暗黙裡にそれが生まれた母市場（地域）の人々による意味やメッセージが埋め込まれている。商品のみならずそういった要素が持つ意味もうまく伝わらないと、吉野家というレストランの価値は現地の人々と共有されない。とくに、飲食店や小売店の場合は、店舗のレイアウトやデザインが、いわばブランドの一部となっていることも多いことから、海外店舗においても母市場と統一する（標準化する）傾向がみられる。しかし、吉野家のカウンターの話のように、市場が変わるとその意味づけが変化してしまうことも少なくない。これは、自動車や家電といった消費財メーカーにおける製品デザイン問題に通じるところがある。店舗のレイアウトやデザインに埋め込まれた意味やメッセージが現地の消費者にどう伝わるのかが、市場参入の成否に大きな影響を与えるのである。

3　人はなぜ「豚骨ラーメン」に惹かれるのか

†味千ラーメンの豚骨スープ

近年、海外で日本のラーメン店を見かけることが多くなった。いまや、ラーメンは立派な「日本食」として世界中で受容されつつある。ただし、その場合のラーメンとは、豚骨スープのラーメンであることが多い。いつの間にか、豚骨スープが日本の味になってしまっているのである。

そもそも海外で豚骨スープのラーメンを広めたのは、「味千ラーメン」である。熊本に本社を置くラーメンチェーンであるため日本では必ずしも有名とはいえないが、中国大陸では今や知らない人はいないといってよいほどの存在となっている。店舗数も、国内が一〇〇店に満たない規模であるのに対して、中国大陸では全土で六〇〇店以上に達しているのである。なぜ、ここまで拡大できたのか。その経験からはアジア市場に関する多くのことが読み取れる。

図 1-4　中国の味千ラーメン（江西省）（提供：重光産業）

味千ラーメンは、もともと熊本市で創業した個人のラーメン店であった。創業者の重光《しげみつ》孝治《たかはる》氏は、台湾の出身で一五歳の時に日本に渡り、宮崎県の高校を卒業して熊本大学で応用化学を修めた人物である。卒業後は九州特産の棒ラーメンの製造会社経営を経て、一九七二年からラーメン店経営に乗り出すようになる。その際に苦労して開発したのが、豚骨スープをベースとした独特のラーメンスープであった。

豚骨スープのラーメンは久留米が発祥とされているが、当時は九州でもまだ一般的ではなかった。しかし、重光氏はこの豚骨スープが持つ潜在的な価値に目を付け、それを応用化学の知識も生かしながら、故郷の台湾の香味油「千味油」を使って改良を重ね、独特のスープに仕立てた。それは、豚骨味の深みを残しながらも、特有の臭みや味のしつこさを抑えた洗練されたもので、日本でも台湾でも好まれる味となっている。いわば、日本と台湾（華人）の両方の味覚を理解する重光氏が、両者が価値共有可能なラーメンを開発したのである。

その意味では、味千ラーメンは生まれた時からすでに中国での受容が約束されたものであったと言えよう。

†味千ラーメンはなぜ中国で人気を博したのか

味千ラーメンが中国大陸でなぜヒットしたのか。その答えは、二つある。一つは、味千ラーメンが提供したラーメンが、前述の通り豚骨スープのラーメンだったことである。つまり、メイン商品である豚骨ラーメンの価値共有に成功したことだ。二つ目には、日本ではラーメン専門店であった味千ラーメンが、中国進出後にラーメンを柱に多様な日本食を提供するレストラン（ラーメンレストラン）に業態転換したことである。

まず業態転換の問題であるが、これは単なる現地適応化の事例にとどまらない。意味づけの次元から捉えると、日本市場で「中華料理店」という意味づけがなされているラーメン店を、中国市場で「日本料理店」という意味づけに転換した画期的なものであったからだ。つまり、多様な日本料理を提供することで、中国人に日式ラーメンも日本料理（中国では高級で高価という意味を持つ）の一つとして「認識」させ、中国市場における日式ラーメンの価値を増大させたのである。もし、日式ラーメンだけを提供するラーメン専門店業態のままであったなら、ここまでの成長はなかったかもしれない。

とはいえ、もしその日式ラーメンが中国のラーメンと同じようなものであれば、日本料理の一つという意味づけはできなかったはずである。ということは、この意味づけの転換のカギは、味千のラーメンが中国には存在しなかった独特の「豚骨スープ」のラーメンであった点にあったといえる。現在では、豚骨スープこそが「日本の味」なのだという認識（誤解であるが）が中国の消費者の間に広がっている。そこで、以下では中国人消費者と外食業との関係、さらには豚骨スープとの関係に焦点をあててみたい。

さて、話が少し遠回りになるが、以前(二〇一二年)、香港の繁華街で、筆者が指導する中国人の大学院生二人と共に街頭インタビュー調査を行ったことがある。それは、日本から進出した吉野家(吉野家は香港で最も知られた日系飲食店である)の店から出てきた人に対して、「なぜ吉野家で食事をしたのか」「吉野家が閉まっていたら(混んでいたら)どこの店に行くのか」などといった簡単な質問をするもので、香港の消費者の外食行動における日系外食店のポジションを探り出そうとするものであった。

単純な調査ではあったが、足を止めてくれる人が少なく苦労し、二日がかりでようやく五四人の人から回答を得ることができた(男性二二名、女性三二名)。彼らの回答は、筆者の予想とはまるで違っていて刺激的なものであった。特に興味深かったのは、吉野家を選んだ理由である。当初、筆者は日本の外食業や日本食が有するブランド性・優位性のようなものが香港の消費者の意識の中にあると漠然と考えていた。それゆえ、「なぜ吉野家で食事をしたのか」という答えの選択肢の中に、「日本の飲食店・食べ物だから」という選択肢を入れておいた。おそらく、この選択肢を選ぶ人が少なくなかろうとの読みであった。

ところが、結果は意外なものであった。

表1-1が示すように、「日本の飲食店・食べ物だから」という答えは、なんと五パー

表 1-1　吉野家に行く理由（香港）

理　由	回答数	%
おいしいから（好きなメニューがあるから）	41	43.6
価格が安いから	23	24.5
立地が良いから	11	11.7
衛生的だから	10	10.6
日本の飲食店・食べ物だから	5	5.3
サービスが良いから	4	4.3
店の雰囲気が良いから	0	0.0
計	94	100.0

注：複数回答。
出所：筆者調べ（2012 年 2 月の利用客アンケート調査結果、対象は男性 22 人・女性 32 人）

セントしかなかったのである。最も多かった答えは「おいしいから（好きなメニューがあるから）」というもので四割以上であった。次に多かったのは「価格の安さ」で四分の一を占めた。おいしくてかつ安くないと店に入らない、という至極当然の結果といえばそれまでなのだが、「日本から来た」というイメージの良さだけでは入店しない香港の消費者（中国人消費者）のシビアさがよくわかった。

　この調査結果はサンプルが少ないためあくまで参考値にすぎないが、中国人消費者はイメージよりも「実利」に対する評価がシビアであることがうかがえる。ただし、ここで問題となるのは、中国人にとって何が「おいしい」のかという問題である。つまり、中国人消費者が「おいしい」あるいは「おいしそうだ」と感じてくれること、その点での価値共有ができることが、外食業の中国進出にとっては最初のポイントとなる。

前置きが長くなったが、では味千ラーメンのラーメンは、どういう点で中国人にとって「おいしい」あるいは「おいしそう」だったのであろうか。この疑問の答えがうかがえるアンケート調査の結果が、表1―2である。

これは、筆者が二〇一五年に上海の消費者を対象に行ったインターネットアンケート調査の結果である（川端二〇一六）。質問は、「日本から来たラーメン店に入った場合、もし価格が同じなら、どの味（スープ）のラーメンを選びますか」「その理由は何ですか」というシンプルなものである。

表1-2　中国（上海）におけるラーメンへの嗜好性

問1：価格が同じならどのラーメンを選びますか？

種　類	人　数	%
醤油ラーメン	9	8.3
味噌ラーメン	20	18.3
豚骨ラーメン	80	73.4
計	109	100.0

問2：その理由は何ですか？

理　由	人　数	%
味が好きだから	41	37.6
おいしそうだから	28	25.7
健康に良さそう	22	20.2
栄養がありそう	7	6.4
美容によさそう	4	3.7
お得な感じがする	7	6.4
	109	100.0

出所：筆者による中国大陸でのインターネット調査（2015年10月実施）

結果は、なんと七割が「豚骨スープ（味）」を選んだ。その理由は、やはり「味が好きだから」「おいしそうだから」であった。つまり、上海の消費者にとって、豚骨スープこそが「おいしい」「おいしそう」と感じる対象なのである。

この調査結果を確認するために、筆

者が勤務する大学に来ている中国人留学生三三名に同様の調査を行ったところ、やはり七割の留学生が豚骨スープを選び、その理由には「味が好きだから」「おいしそうだから」を選んだ。なぜ豚骨スープの評価がそれほどまでに高いのかと尋ねると、「豚の骨のエキスが抽出されていて、それが食欲をそそるから」「体によさそうな成分が入っているように感じるから」「同じ価格なら最も価値があると感じるから」といったものが多かった。

一方、醬油スープは、「透明で醬油を薄めただけの印象を受けるので価値が感じられない」「醬油は中国にもあるので珍しくない」と、評価は低かった。その中間が味噌で、「味噌スープは健康によさそうだから、それを薄めただけの感じを受けてもまだ許せる」「味噌は日本独特のもので価値があるから」というのである。もちろん、醬油スープも味噌スープも決して薄めただけのものではなく、それはまったくの誤解である。しかし、豚骨スープがダントツの人気で、続いて味噌、そして醬油という順番になったのは、このような素材に関する意味づけ（価値観）が中国人消費者の間で暗黙裡に共有されているからだということがうかがえる。

†グローバル化する日本発の豚骨味

ところで、豚骨スープは、近年では中国市場だけでなくかなり広域で人気を呼ぶ味になってきている。その証左が、讃岐うどんチェーンの「丸亀製麺」（株式会社トリドール）やカップヌードルで知られる日清食品のグローバル戦略にも見てとれる。

まず、丸亀製麺は二〇一一年にハワイのホノルルに海外一号店を出して以来、急速に国際化を進めてきた。二〇一七年夏までのわずか六年間で、一一の国と地域に約二〇〇店舗を展開するまでになっている。進出先は、中国大陸、香港、台湾、韓国、タイ、ベトナム、インドネシア、カンボジア、オーストラリア、ハワイ、ロシアである。海外の丸亀製麺の店には、日本にはない個性的なメニューが見られるが、「豚骨うどん」もその一つである。これは、その名の通り白濁した豚骨スープにうどんが入ったものであり、現在は中国を中心に複数の国や地域でも販売されている。日本人にとってはやや違和感のあるものであるが、華人系の消費者にとっては先述のように豚骨から採ったスープが魅力的な価値を持つし、それ以外の人々にとっては日本の豚骨ラーメンのイメージと重なって「日本らしい」という意味づけがなされたメニューとなっている。

他方、世界初のカップ麺「カップヌードル」で知られる日清食品は、近年ではアジア市場でも売り上げを大きく伸ばしている。ただし、カップヌードルは、日本と海外の各国で味が大きく異なっている。日本で最も人気のあるオリジナル（醬油味）のカップヌードルは、実は日本でしか販売されていない。醬油系の香りが日本人には人気があるのだが、海外ではなぜかウケがあまりよくないからだ。同じカップヌードルでも、中国・香港やフィリピンでは、白濁したシーフード味スープが人気になっている。日本では「シーフードヌードル」の名称で販売されているものとよく似たものである。

ところが、この日本で売られているシーフードヌードルも海外で売られている「カップヌードル（シーフード味）」も、基本的には豚骨スープをベースに魚介スープや魚介の具を入れたものなのである。これが日本やアジアで人気を集めている。それゆえ日清食品では、この豚骨スープベースのシーフード味を「グローバル・テイスト」と位置づけて、世界市場に打って出ようとしているのである。

さて、日本ではシーフードヌードルのほかに「スープヌードル　シーフード」というよく似た商品が販売されている。スープヌードルとは、通常のカップヌードルよりも麵の量を減らして、スープをあっさりした味（薄め）に仕上げて、スープ感覚で食べる商品にしたものである。

このスープヌードルの発想は、実は欧米的なものである。欧米では、インスタントラーメンのことを「ヌードルスープ」と表記することが多い。つまり、ラーメンはスープの一種として見られているのである。これは、ラーメンに対する意味づけが日本とは異なっていることを示唆している。次にこの話をしてみたい。

†ラーメンは麺料理かスープ料理か

ラーメンに対する意味づけは、もっと根本的な部分においても日本と海外市場では違いが見られる。

ラーメンといえば麺料理の一種であるということに疑いを持つ日本人はまずいないであろう。「今日は麺が食べたい」と思った際に、思い浮かべるのはうどんや蕎麦、そしてラーメンではなかろうか。

しかし、この「ラーメンは麺料理」という日本人の意味づけは、実は海外市場では通用しない、日本独特のローカルなものなのである。というのも、日本から海外に進出したラーメン専門店でヒヤリングを行うと、進出先がアジアであれ欧米であれ、次のような答えが返ってくることが多いのだ。

「こちらの人は、ラーメンが出てきても麺をなかなか食べてくれません。友人などとの話に夢中で、麺がどんどん伸びていくので気が気じゃありませんよ。挙句、スープだけ飲んで、麺を残す人が多いですね。逆に、スープを残す人は少ないです」

日本人なら、注文したラーメンが出てきたら、麺が伸びないうちに早く食べようとする人が多いのではなかろうか。また、日本人にとってラーメンといえば麺が主役であり、スープは残しても麺を残す人はまずいない。逆に、麺を残してスープだけを飲み干す人は珍しいのではなかろうか。

この違いは、ラーメンに対する意味づけの違いである。

すなわち、中国であれ東南アジアであれ、欧米であれ、多くの海外市場では、「ラーメンはスープだ」という意味づけがなされることが多い。その場合は、スープが主役なのであって、麺は脇役にすぎない。スープだけ飲み干して麺を残す客が多いのは、このような理由からだと考えられる。

海外市場の日系ラーメン店でよく耳にするもう一つのことは、スープが濃すぎる（塩辛すぎる）というクレームが多いということである。

「ラーメンのスープが濃すぎるので薄めてほしい、というお客さまが多くいます。最初から薄めて出すと日本人客には不評なので、味を壊さずにスープの濃さを薄めるための「薄め用スープ」を用意しておき、薄めてほしいというリクエストがあれば、それをテーブルまで運んでお客さんの丼に直接つぎ足すというサービスで対応しています」（バンコクの日系ラーメンチェーン）

そもそもアジアの人々は、日本人と比べて塩分に敏感な人が多い。日本の食べ物は「塩辛い」と感じる人が多いのである。それは、日本製の醤油やタレだけでなく日本料理全般の味つけに対してそう感じるらしい。したがって、日本のラーメンも塩辛く感じる（特に東北や関東のラーメン）のである。

ただ、ラーメンのスープについては、塩分濃度の問題だけではなく、やはりラーメンへの意味づけの違いから生じる問題が隠れている。日本人にとっては麺が主役であるから、麺にしっかり味を付けるためにスープを濃くしてある。また、スープは飲み干さないことが前提であるから、濃くても多くの人には気にならない。しかし、スープが主役だと思っている人からすれば、「濃すぎて飲めないよ」ということになる。その結果、「薄めてほしい」というリクエストが来るのである。そこには、単に塩分に敏感だからということだけでは読めない意味づけの地域差の問題が潜んでいるのである。

ただ、麺を残す理由については、もう一つの説もある。欧米人や東南アジアの人々（タイ人やインドネシア人など）は猫舌の人が多いので、ラーメンが出てきてもすぐには食べずに、冷めるのを待っている。あるいは時間をかけて少しずつ食べる。そのうちに、麺が伸びてしまって残さざるを得ないのだというのである。確かに筆者が知る限りでも、欧米や東南アジアでは熱いものが苦手な人が多く見られるので、そのようなこともあろう。しかし、中国大陸や香港、台湾では、ラーメンは熱いスープのものが好まれる。それにもかかわらず、熱いスープだけ飲んで麺を残す人が少なくない。猫舌であるかどうかに関係なく、やはりスープが優先されて麺が残される傾向が見られるのである。

また、欧米のスーパーマーケットに行くと、インスタントラーメンはスープのコーナーに並んでいる。ヌードル・スープ（麺が入ったスープ）として売られているのである。ここにも、ラーメンはスープ料理という意味づけが見られる。

欧州では、インスタントラーメンを袋ごと揉みくちゃにして麺を粉々にし、スプーンでスープとして食べる人も多いようである。以前、エースコックのベトナム工場を訪れた際に、欧州市場向けに製造しているインスタントラーメンは、最初から麺の長さを短く製造して、スプーンで食べやすい状態にしてあるという話を聞いたことがある。

いずれにせよ、世界を見渡すと、「ラーメンはスープ料理」という意味づけの市場が多いことは間違いなさそうである。時折、海外の日系ラーメン店で「替え玉無料」の張り紙を目にすることがある。つまり、麺のおかわり自由という意味である。日本のラーメン店ではよく目にするものだが、麺が主役だと思っている日本人にとっては、これはありがたい。しかし、スープが主役だという認識の海外の消費者の目には、「替え玉無料」の張り紙は奇異に映るに違いない。また、麺のおかわりは無料なのに、なぜ肝心のスープのおかわりは駄目なのかという不満を持つ人もいるかもしれない。このように、サービスも国境を越えると意味と価値が変わってくるのである。このことは、訪日観光客への対応においても発想を変える必要があることを示唆している。

第２章

ドラッグストアに中国人観光客が集まる理由

——「意味」と「価値」を生み出す社会の仕組み

「免税」を大きく掲げる訪日観光客に人気のドラッグストア（京都市）

1 なぜドラッグストアが中国人観光客に人気なのか

†「社会の仕組み」が決める意味と価値

前章で述べたように、海外市場でモノを売る際には、その市場に持ち込んだ商品が、現地の人々によってどのような意味を付与されるのか、これが重要となる。

ポカリスエットの例のように、商品は日本と同じでも、市場に適応した「意味づけ」ができれば、新たな「価値」がそこに生まれて大きな市場が拓く場合もある。しかし、現地消費者がその商品をどのように意味づけるのかを正しく読み解くことは、実際にはかなり難しい。

ここで「意味づけ」とそれに沿った「価値づけ」には二種類のものがあることを知るべきである。一つは、現地消費者が長い歴史の中で身に付けてきた「モノゴトの捉え方のクセ」に基づく「意味づけ」である。吉野家のようにカウンターがあるチェーン店は「入りやすい」し「合理的だ」という日本人の意味づけや、豚骨スープを「おいしそう」「体によさそう」だとする中国人の意味づけなど、第1章で紹介したものはまさにこのタイプのものである。このタイプのものは、そのように意味づける理由や背景を合理的に説明するのが難しいことが多い。なぜなら、それは長い歴史の中で消費者の心（脳）の深層に埋め込まれてきた「何か」に基づいた「意味づけ」だからである。その「何か」とは、現地市場の文化ということもできるが、より正確には「現地市場で共有されている暗黙知」と表現した方が適切であろう。この現地市場に埋め込まれた暗黙知問題については、本書の最後に改めて述べたい。

ところで、「意味づけ」にはもう一つのタイプもある。それは、「社会の仕組み」に基づいた「意味づけ」である。こちらは、暗黙知のような難しいものではなく、明確な社会の制度に絡むものであるから、丹念に調べるとどのように「意味づけ」られるのかが予測可能になる点が重要といえる。本章では、この後者の「社会の仕組み」が「意味づけ」をもたらすケースについて、見ていくことにしよう。

†中国人観光客は何を買っているのか

近年、中国人観光客が日本のドラッグストアで買い物をしている姿をよく見かけるようになった。ドラッグストア側も、中国人の店員を雇ってそれに対応している。一時期のような爆買いは減ったものの、それでもカゴ一杯に医薬品を詰め込んだ中国人観光客を見かけることは珍しくない。

この光景は、要するに中国人観光客の目に、日本の家庭薬や日用品が価値あるものとして映っていることを意味する。果たして、そこにはどのような「意味づけ」が存在するのであろうか。

まず、彼らに人気がある商品が何かと見てみると、興味深い事実が浮かびあがる。表2－1に示した医薬品リストは、二〇一四年に中国の大手ポータルサイト捜狐（SOHU）が掲載した「日本に行ったら買わねばならない12の神薬」という記事の中で紹介された医薬品である。このリストはSNS上で拡散し、多くの訪日観光客がそれらの医薬品を買うようになったとされる。実際、このリストに掲載されている薬の売れ行きは、二〇一四年秋以降に急増する事態となり、二〇一七年現在も各メーカーの業績を大きく押し上げている。

このリストには目薬、熱さまし用シート、傷薬、肩こりほぐし薬、鎮痛剤など、多くの日本人になじみのある日常薬が並んでいる。人気の理由には、容器の形の使いやすさ（アンメルツ）や薬品形状（液体絆創膏、シート、パッチ）の使いやすさがあるとされる。確かに、これらは日本にしかない便利商品であり、中国人訪日客の人気を呼ぶのは何となくわかる気もする。しかし、本当にそれだけの理由で売れているのであろうか。また、それならば鎮痛剤やビタミン類、あるいは「命の母」といった女性薬はなぜ売れているのであろうか。

表2-1　日本に行ったら買わねばならない12の神薬

	商品名	種別・効能
1	サンテボーティエ	目薬
2	アンメルツヨコヨコ	消炎鎮痛剤
3	サカムケア	液体絆創膏
4	熱さまシート	冷却剤
5	イブクイック	頭痛薬
6	サロンパス	消炎鎮痛剤
7	ニノキュア	角質軟化剤
8	ハイチオールC	Lシスティン剤
9	ビューラックA	便秘薬
10	口内炎パッチ大正A	口内炎治療薬
11	命の母A	更年期障害剤
12	龍角散	のど薬

出所：中国のポータルサイト「捜狐（SOHU）」（2014年10月17日掲載）

このような家庭薬が売れる理由を理解するためには、中国での医療事情を知る必要がある。中国は、社会主義国なので何となく医療制度も整っていると思っている日本人も多かろう。確かに、以前の人民公社や単位（国営工場を中心とする都市部の共同体）においては、専用の医療施設があり無料で診てもらえた。しかし、近年の中国における医療の実態は、多くの日本人が想像するものとは大きく違っている。

†なぜ日本の薬を「買わねばならない」と思うのか

中国では、日本のように個人医院の開設が認められていない。近所には簡便な診療所もあるが、まともな診察や治療を受けようとすると総合病院に行く必要がある。

しかし、総合病院は大都市に偏在しており、そもそも地方や農村部では医者にかかる機会に恵まれない。さらに、大都市の病院は総じて大変混雑している。まず、病院に入るのに入場料を支払う必要があるが、入口の順番を待つだけで三、四時間並ぶこともある。病院に入ると、いよいよ医師の診察を受けるのであるが、そこでも順番を待たねばならず、人気のある医師の場合は、コネクションがないと数日前から診察の順番を待つ必要があるともされる（番号札をとって高値で転売する「黄牛党」と呼ばれるダフ屋も居るほどである）。地方に住む人々が大都市の病院で診療を受けようとすると、ホテルに何日も滞在し、順番が巡ってくるのを待たねばならない。

問題は、このような医療へのアクセスの悪さだけではない。社会主義国であるにもかかわらず、中国では医療保険制度の確立が遅れており、農村部と都市部とで保険制度が異なり保障内容に差が生じている（現在は統合が計画中）。とくに農村住民向けの保険制度では保険給付額の上限があり、医療費も一旦は全額を支払う必要があり、後日に保険分が戻るシステムになっているので、とりあえず全額分の治療費がないと受診できない。

また診察料や治療費は決まっておらず、大学を出たての医師は安いが、信頼の高いベテランの医師に診てもらうと高額なものになる。人気のあるベテラン医師の場合は、診察の予約をとったり手術を受けたりする段階で、正式な治療費とは別に医師にお金を支払う必要があるとされる（手術時は一万元程度ともされる）。さらに、病院が出す薬の代金には病院のコミッションが含まれていて非常に高いこともある。この結果、病院で信頼のおける医療を受けることは、庶民にはかなりの負担となっているのである。

政府はこのような病院での混雑や負担の大きさを改善し、同時に医療保険の政府負担分を削減するために、国民に対して病気はできるだけ市販の医薬品で治すことを勧めている。そのため、民間の医薬品店の増加を政策的に支援しており、大手薬局チェーンも続々と出現して店舗網を拡大してきている。それでも、国土の広い中国大陸では家庭薬にも気軽にアクセスできない人々がまだ多くいるのである。また、薬局で買う薬代も決して安くはなく、選択肢も限られる。

要するに、中国では病気になること自体が日本と比べるとはるかに面倒な事態であり、心理的・費用的な負担が非常に大きいのである。したがって、人々はよほどのことがない限り病院には行かず、家庭薬で治そうと考える。その結果、日本と比べると家庭薬への依存度がかなり高くなっている。とはいえ、中国国内で製造販売されている医薬品には不信感を抱く人も多く、たとえば中国製の目薬などを直接目にさすことに不安を覚える人も少なくない。

このような医療環境の中で暮らす中国人消費者からすると、日本のドラッグストアはまさにパラダイスに映るようである。まず、日本の医薬品は品質的に信頼できるので（日本産品へのイメージの良さ）、目薬も傷薬も安心できる。中国の薬と比較して、価格も決して高くはない。たとえ高く感じても、中国で医者にかかる時間とコストを考えるなら、安い買い物といえる。したがって、熱を出しやすい子供（しかも一人っ子）のために、便利な「熱さまシート」を大量に買い込むことは、親としては無理からぬことなのである。

また、多くの中国人にとっては、そもそも病気にならないことが最善の策である。そのためには、傷口からの菌の侵入を防ぐ保護剤「サカムケア」や、中国の汚れた空気から目を守ってくれる目薬や目の洗浄剤は高い価値を持つ。もちろん、日ごろの体調を整えるビタミン剤も効用が大きいし、女性の更年期障害に効くとされる命の母にはまさに神薬の意味が付与される。

このように、同じ医薬品でも、国の医療システムが異なると価値が上昇するのである。リストに載った一二の医薬品を、中国人がなぜ「買わねばならない」と意味づけるのか、そこには社会のしくみの違いの影響があることを見逃してはならない。

さて、ここまでの話を踏まえるなら、「ならば日本から中国大陸にドラッグストアが進出すればよいのではないか」と思う人も多かろう。しかし、中国では医薬品に関する規制が非常に厳しく、日本の家庭薬を販売することは現実には難しいのが現状である。実際、いくつかの日系ドラッグストアチェーンがすでに中国大陸に出店しているものの、そこには肝心の日本製の医薬品はおいておらず、日本製の健康食品やサプリメント類、雑貨、化粧品などが主に売られているにとどまる。中国国内で日本製の家庭薬を入手するには、インターネット上の個人転売サイトから高値で買うしかない。

ところで、ドラッグストアに押し寄せるのは中国大陸からの訪日客ばかりではない。台湾からの訪日客も多く来店するが、その要因は日本の家庭薬への絶大な信頼度である。日本びいきで知られる台湾の消費者から見ると日本の医薬品には「安全でよく効く」という強い意味づけがなされているのである。一方、タイなどの東南アジアからの訪日客の来店も多いが、彼らの目当ては菓子とスキンケア用品（洗顔料・乳液類など）である。彼らからすると、日本のコンビニやスーパーに並ぶチョコレートや袋菓子は、母国のそれと比べると種類も豊富で品質も高く非常に美味しく感じるらしい。スキンケア用品類も安くて品質がよいとされる。したがって、土産に最適だと映るようであるが、それらが一度に大量に安く買える店がドラッグストアなのだ。つまり、「土産用の菓子とスキンケア用品が安く買える店」という意味づけがなされているのである。もちろん、医薬品を買おうにも非漢字圏の観光客にはパッケージの文字が読めないので手が出せないということもあるのだが。

このように、同じドラッグストアを利用する訪日客でも、その出身地域によってドラッグストアに対する意味づけや価値づけが異なっていることを見落としてはならない。

2　なぜ中国でキシリトールガムが売れるのか

†ガムの意味づけを変えたキシリトール

ガムは、菓子の中でもとりわけ糖分が多く、それが口の中に広がって残るため、虫歯や肥満の要因になるとされてきた。それゆえ、日本のガム市場は縮小が続いている。ところが、そのような中でもキシリトールが入ったガムだけはよく売れているとされる。なぜであろうか。

キシリトールとは、白樺や樫《かし》から採れる天然の糖のことである。一九七〇年代にフィンランドで虫歯予防に効果が大きいことが発見され、それを砂糖代わりに使用した虫歯予防用のガムが開発された。これに目を付けたのがロッテであった。同社はそれを「キシリトールガム」と命名（商標登録）して、一九九七年から日本国内で販売を開始した。

ロッテは、キシリトールの虫歯予防効果をアピールするために歯科医師会と研究会をつくってキシリトールの効用を歯科医師の間に広めたり、テレビコマーシャルに白衣を着たフィンランドの歯科医を登場させるなど、従来にはないマーケティング手法をとった。それが効果を上げ、従来のガムに対する日本人の意味づけを大きく転換させた。

すなわち、糖分が多く「歯の健康やダイエットによくない菓子」という従来の意味を、歯科医も勧める「歯の健康を保つためのガム」「オーラルケアのためのガム」というまったく逆の意味に転換することに成功したのである。その結果、食後の歯磨き代わりにキシリトールガムを口にする人も増えていった。こうしてキシリトールガムは、価格がかなり高いにもかかわらず、縮小しつつあった日本のガム市場における救世主になったのであった。

†キシリトールの価値を増幅させる社会の仕組み

ロッテがこのキシリトールガムを中国市場に投入したのは、日本で販売が始められてから五年後の二〇〇二年のことであった。今から一五年も前のことではあるが、アジアでの市場戦略を考える貴重な経験であったことから、紹介しておきたい。

先にも述べた中国の厳しい医療事情は、歯の治療においても同じである。歯科は個人クリニックもあるが治療費が高いことから、やはり総合病院の歯科に行く人が多い。ロッテが市場進出した直後に筆者が北京で調べたところでは、歯科の虫歯治療は一回一〇〇～二〇〇元前後していた。当時の平均的な労働者給与である一〇〇〇～二〇〇〇元（ブルーカラー）からすると月給の一、二割相当である。症状によっては何度か歯科に通う必要があるので負担はさらに増える。もちろん医療保険を使えば負担は軽くなるが、一五年前は医療保険でサポートされていたのは公務員くらいであった。それゆえ、多くの人は歯科には気軽には行けなかった。

このような虫歯治療の環境は、現在も基本的には変わっていない。歯科医は都市部に偏在しており、地方に行くほどアクセスが悪いし、何より庶民には治療費が非常に高い。これが、中国における虫歯を取り巻く社会の仕組みである。

一方で、中国の子供には現在でも虫歯が非常に多く見られる。その理由は、中国の菓子類の糖分の高さや、歯磨き習慣が十分に浸透していないこともあろうが、孫を甘やかして菓子を与えすぎる祖父母が多いからだという説もある。一人っ子政策により、一人の子供を二組の祖父母が共働きの両親に代わって世話をするのが一般的だからである。よって、中国の子供たちは、四人の祖父母の誰かにせがめば、いつでも甘いお菓子を手に入れられる。その意味では、中国の子供たちの虫歯の多さは中国社会の仕組みが生んだものといえる。

この子供の歯に一番よくない菓子とされてきたのが、ガムである。ガムは砂糖分が非常に多く、また長時間口に含むため、糖分が口中に広がって歯間に残りやすい菓子である。まさに子供の歯の大敵であった。

そもそも中国では、一九八〇年代に米国メーカーが持ち込んだ板ガムが市場の八割を占有する状態が長く続いてきた。板ガムとは、日本にも昔からある長方形の板状ガムのことであり、これはシュガーガムと呼ばれるほど砂糖分が多く、子供の虫歯の要因にもなってきた。

そこに、ロッテがキシリトールガムを市場投入したのである。ロッテは、中国市場でも日本と同じく歯科医師会と連携を取りながらキシリトールの効用を前面に掲げたマーケティングを展開した。たとえば、図2－1のようにショッピングセンターに特設舞台をつくり、そこで歯の健康に関するイベントを開催、キシリトールの効用をアピールした後に、歯科医による歯の健康相談会を行うプロモーションも繰り返された。子供が虫歯になって痛がっても、歯医者にかかることが容易でない中国では、歯科医が来て相談にのってくれるイベントには消費者の反響が大きかったとされる。

結論を述べるなら、キシリトールガムを子供に与えれば虫歯の予防効果があるという効用は、中国では絶大な支持を受けた。キシリトールガムは従来のシュガー系ガムよりも価格がかなり高かったのだが、虫歯になった子供が歯科医にかかる困難さ、それに要する時間とコストを考えると、中国の消費者にはリーズナブルな価格に映ったようだ。社会の仕組みに基づく効用が価格の高さを大きく上回ったのである。

図 2-1　キシリトールガムの宣伝イベント（上海）
（提供：ロッテ）

すなわち、中国におけるキシリトールガムは、歯科治療の苦労と経済的負担を免れるガム、子供が虫歯で痛い思いをしなくてすむガム、安心して孫に買い与えられるガム、などといった「意味」を獲得したのであった。

こうしてロッテのキシリトールガムは、またたく間に中国市場でのシェアを高めていき、販売開始から三年後の二〇〇五年には中国のガム市場の約三割を占めるまでに成長した。まさに爆発的な市場開拓劇であった。

†ロッテの経験から何を学ぶのか

このロッテの経験は、アジア市場でのマーケティングを考える重要な視角の存在を提示している。それは、商品自体の効用（価値）や販売手法の効果は進出先市場の社会の仕組みによって左右される、ということである。当然といえば当然なのであるが、これまであまり意識されてこなかった視点である。

ロッテは、日本での成功体験を踏まえて、中国市場でも日本と同じ商品を日本と同じマーケティング手法で販売した。つまり、その点では標準化（グローバル）戦略をとったのである。しかし、結果は日本以上に大きな成果を短期間で上げることができた。

その理由は、これまで述べてきたような日本と中国での虫歯を取り巻く社会の仕組みの違いにあった。日本では、歯磨き教育や歯磨き習慣が市場の隅々にまで浸透しており、歯の健康への意識も総じて高い。多くの親は子供に甘いものは食べさせないように注意している。このため子供の虫歯もかなり減ってきている。何より、日本では虫歯になっても歯科医院があちこちに存在していて治療へのアクセスがよい。したがって、「虫歯予防」という効用は、消費者に対して一定のアピール効果はあるものの限界もみられる。むしろ、現在のように「歯の健康を保つ」「歯を丈夫にする」というように虫歯よりも全般的な効用を訴える方が、日本の消費者には響きがよいと思われる。

一方、中国市場では先述のように子供が虫歯になりやすい社会環境がある。それでいて、歯科治療へのアクセスは悪く経済的負担も非常に大きい。それゆえに、虫歯予防を謳った商品の価値や歯科医と提携したマーケティング手法の効果が、日本よりもはるかに高まったのである。

中国進出から三年後に筆者が中国担当者から聞き取りをした際には、ロッテの中国戦略は日本と同じ商品を同じマーケティング手法で販売していることから「標準化（グローバル）戦略」だと認識されていた。しかし、これまでの話のように詳細に見ていくと、中国の社会的な仕組みを踏まえた見事な「適応化戦略」になっていたといえる。すなわち、見かけは標準化戦略であっても、それが持つ意味や価値の次元から捉えると「適応化戦略」になるのである。

このロッテの中国戦略は、われわれに三つのことを教えてくれる。

一つ目は、海外市場に商品やマーケティング手法を持ち込む（移転する）際には、意味や価値の次元で捉えることが重要となることである。

　二つ目は、商品やマーケティング手法が進出先市場でどのような新しい意味と価値を獲得できるのかを探る際には、消費者心理や消費文化の違いに着目する前に社会の仕組みに注目すべきだということである。

　三つ目は、社会の仕組みが異なる海外の市場では、同じ商品でも、同じマーケティング手法でも、その効用や効果が大きく変わる（増幅／縮小する）可能性がある、ということである。

　なお、その後の中国におけるガム市場の状況を述べておくと、ロッテのキシリトールガムは、後に低価格の競合商品（模倣品含む）が多数発売されたことから、その後思うようにシェアを伸ばせなかった。そもそもキシリトールガムという名称は、キシリトールという成分名（原料名）をそのまま商標登録したものである。これは一般名称であり、通常は登録が難しい商標である。それでも商標登録ができたのは、ロッテが日本で商標登録申請をしたのが一九八〇年代で、当時はまだキシリトールが知られていなかったことが影響したようである。しかし、中国ではキシリトールの商標登録は認められなかった。それゆえ、キシリトールを冠した類似商品が多くの企業から大量に出回ったのである。ちなみに、タイでも承認されなかったが、インドネシアやベトナムでは商標が認められている。このような商標登録も社会の仕組みの一つであろうが、それに基づく競争環境の違いも海外市場での成否に影響することを見落としてはならない。

3 なぜアジアで大型ディスカウント店が成長したのか

†ハイパーマーケットがやってきた

一九九〇年代の初め、筆者は台湾で、それまで見たこともない大きな小売店舗を現地の流通関係者に案内してもらったことがある。それは郊外に立地する倉庫型の大型ディスカウント店で、体育館数個分もある広くて天井の高い店舗には、日用雑貨や加工食品（食用油、飲料、インスタント食品、冷凍品など）、衣料品、家具、家電などさまざまな商品が大量に並んでいた。一ダース単位、あるいは段ボール箱単位で売られるものも多く、鉄製の大きな棚には商品の段ボール箱が並べられていた。一方、野菜や肉、魚などの生鮮食品も大量に陳列されており、生鮮市場さながらの光景であった。冷房の効いた明るく清潔な市場という感じであった。いずれにせよ、そのスケールの大きさに目を奪われたことを覚えている。週末には多くの人でごったがえしていたのが印象的であった。

台湾の人々が「量販店」と呼んでいたその店は、フランスからやってきた「カルフール」であった。カルフールは、「ハイパーマーケット（ハイパーマルシェ）」と呼ばれる業態を開発した企業である。この業態は、郊外に低コストで建てた巨大な倉庫型の店舗に、メーカーとの直接取引によって安く仕入れた商品を大量に積み上げ、一ダースあるいは一ケース、段ボール箱一箱といったまとまった単位で消費者に販売（バルク売り）する大型ディスカウント店のことである。一つの商品領域（カテゴリー）における品揃え（商品の選択肢）は決して多くはないが、少ない種類を大量に販売することで安さを追求する点に特徴があり、主に低所得層の顧客をターゲットに欧州で成長した。

この業態は、一九九〇年代後半になると東南アジア諸国に進出して爆発的な人気を集めて急成長し、その後は中国大陸や韓国にも進出していった。

このカルフールが日本にやってきたのは、二〇〇〇年の末のことであった（幕張が一号店）。当時の日本の流通業界は、欧州からやってきたこの大型店を「黒船」の到来と恐れた。ところが、いざ開店してみると予想に反して日本では人気が出なかった。東京や大阪、兵庫など大都市に六店舗を展開したものの、結局わずか四年で日本市場から撤退していったのである。

東南アジアなどでは人気を集めた大型ディスカウント店が、なぜ日本市場では業績が伸びなかったのであろうか。そこにも、社会の仕組みに基づいた「意味づけ」がもたらす「価値」の違いを見てとれるのである。

†大量買いをしているのは誰なのか

今から一〇年ほど前のことになるが、「イサーン」と呼ばれるタイ東北部で消費財流通の調査をしたことがある。足掛け二年にわたってイサーン地方を何度も訪れ、村から村へラオス国境まで車で駆けずり回った。そこで筆者は、途上国市場の仕組みとグローバリゼーションの真の姿に触れることとなった。大型ディスカウント店の意味を理解するためにも、その時の経験に触れておく必要がある。

さて、タイ東北部はタイの中でも最も所得が低い地域であり、一ヶ月の世帯所得はバンコク首都圏の半分以下の約四五パーセント（Socio-economic Survey, 二〇一三年値）という

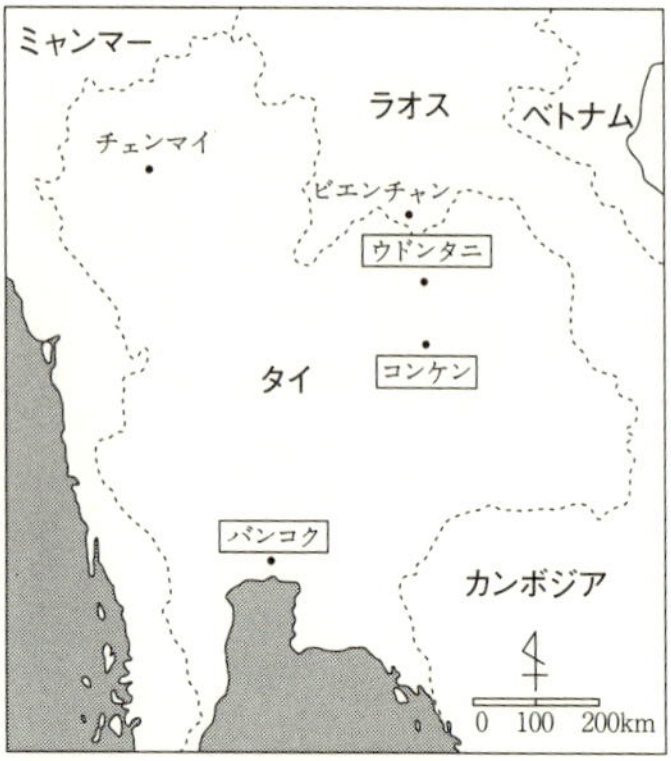

出所：川端（2007）、69ページ

図2-2　タイ東北部の地図

低さで、タイの地域間格差問題の象徴的存在でもある。貧困世帯（二〇一二年で月収約六五〇〇円以下）の率も全国平均が一三パーセントであるのに対して、東北部は平均で約二〇パーセント、地区によっては三五〜四〇パーセントに達する。そのため、多くの人がバンコクや海外（台湾、日本、韓国、中東など）に出稼ぎに出て、故郷に仕送りをしている。日本に来るタイ人労働者（女性を含む）も、実は多くがこのイサーン出身者である。

そんな東北部にある地方都市にも、二〇〇〇年代の初めに欧州から大型ディスカウント店が進出していた。やはり天井の高い倉庫型の店舗で、体育館二、三個分もあろう店内に大量の商品が並んでいる。大型ディスカウント店の店内は九〇年代までは、まさに倉庫に商品が並ぶような殺風景なものであったが、二〇〇〇年代以降は内装も綺麗に整えられ、生鮮食品も充実し、調査をした時点では食品スーパーのように小さな単位で買える商品も増えていた。それに伴い多様な顧客層を惹きつける存在となっていた。

調査は、二〇〇七〜〇八年に、この東北部の中心都市であるコンケン（図２―２参照）にある英国系の大型ディスカウント店で行った。買い物をして店から出てきた客に声をかけ、居住地や来店頻度、どんな商品をどれだけの金額買っているのか、などを現地の大学生の協力を得て調べてみたのである。

図 2-3　ハイパーマーケットの店内（タイ）

店から出てくる人々の多くは、日本のスーパーと同様にビニール袋を手に下げている人が多かったが、中には大量の商品をカートに積んで出てくる人もいる。一九九〇年代から日本や海外の雑誌が、そのような大量買いをしている人々に対して新しいアジアの消費者である「アジアン・ショッパーズ（Asian Shoppers）の誕生」という意味づけをして報道していた。これは、アジアはもう貧しくはなく、所得が上昇した中間層たちが、先進国と同じく自家用車で大型小売店に乗り付けて大量の商品を「まとめ買い（バルク買い）」しており、その姿は欧米型の消費スタイルの浸透を示しているという報道であった。つまり、アジアの消費市場は爆発的な発展を遂げつつあり、そこに大きなチャンスが広がっているのだ、という主張の証としてそのような人々を紹介していたのである。現在でも、そのような意味づけをする傾向が見られる。というか、それが一般的な理解なのである。

そこで、そのような大量買いをした人々に対して、インタビュー調査を試みた。断られることも多かったが、三日間で一一一名が応じてくれた。しかし、その結果は意外なものだった。

図2-4　タイ農村部の雑貨店

大量買いをしている人々は、一見すると家族連れで来ている人もいるのだが、その九五パーセント超が周辺の農村部にある零細小売店（雑貨店）や飲食店などの経営者であることが分かったのである。要するに、店の商品や食材の「現金仕入れ」に来ていたのだった。中には、二〇〇キロ以上も離れた村の零細小売店主が、わざわざトラックを借りて大量仕入れに来ているケースもあった。残りの人々は、結婚式の披露宴のための食品を大量に買いに来た人や、お寺へのお供えを大量に買いに来た人などで、まともに自家消費用に大量買いしている人は、ほぼゼロだったのである。検証のため、同じ東北部の別の町であるウドンタニ（図2－2参照）の大型ディスカウント店でも同様の調査をしたが、結果は同じ

図2-5　大型ディスカウント店で大量仕入れをする来店客（タイ・コンケン）

であった。

来店客に占める零細小売店や飲食店の経営者の割合は、日にもよるが一、二割程度であった。しかし、購買額を調べると、一般消費者が日本円換算で五〇〇〜七〇〇円程度であったのに対して、仕入れ客の購買額は平均六万円程度（少ない人は三〇〇〇円程度）、中にはトラック二台で乗り付けて五〇万円以上の仕入れをしている人もいた。店舗ごとの売上高は公表されていないので、筆者の調査データを基に総売り上げに占める卸売り販売額を推計すると、コンケンの店で売り上げの約三割、ウドンタニの店は五割超が現金仕入れによるものという結果になった。もちろん、調査データが限られるので、この値はあくまで参考値に過ぎない。

とはいえ、要するに地方の大型ディスカウント店は、小売業であると同時に卸売業、現金問屋としても機能していることは確かである。なぜそのようなことになっているのか、そこには途上国市場における社会の仕組みがある。

†ハイパーマーケットを支える社会の仕組み

そもそも途上国では、地方の小売業、とくによろずや的な村の零細小売店は、商品をどこから仕入れるのかが、経営上の最大の問題となっている。筆者は、前述の大型ディスカウント店での調査と共に、農村部の零細小売店も一一〇軒ほど回りヒヤリング調査を行った。その際に、商品の仕入れ先を店主に尋ねると、近くの町の卸売市場に出向いて仕入れるか、トラックで巡回してくる業者から買う（仕入れる）かの二通りしかないという（中には近くの町の大き目の小売店から「仕入れ」ているケースもあるが）。

まず、田舎町の卸売市場では生鮮品はそれなりに揃うが、大手のメーカー品は品揃えが悪いし新商品は手に入りにくい。逆にいうと、先進国の大手の消費財メーカーからすれば、自社の商品を地方で隅々にまで販売する流通チャネル（経路）が存在しないことになる。

そこで、コカ・コーラ、歯磨き粉のコルゲート、洗剤・石鹼やスキンケアなどのユニリーバといった消費財のグローバル企業は、地方ごとにトラックで雑貨店などを巡回して商品を卸売りしている。自社で行っている企業もあれば、外部業者を使っている企業もある。具体的には、地域ごとにトラック基地を設けて、そこに五〇～六〇台のトラックとドライバーを配置し、自社の商品をトラックに積んで村の零細小売店や飲食店を、週に一回程度巡回するのである。これが、零細小売店主がいう「トラックで巡回してくる業者」である。

いずれにしろ、このようにしないと世界的な巨大メーカーといえども、商品を店頭に並べてもらうことはできず、したがっていくらテレビで宣伝しても消費者に商品を買ってもらうことができないのが実態なのである。これが、グローバリゼーションの現実の姿である。

一般に、メーカーと小売店とをつなぐ中間流通と呼ばれる部分は卸売業が担っている。日本には多くの卸売業が存在しており、商品の流通が円滑に進む社会的な仕組みが構築されている。たとえば、食品スーパーの店頭で品切れが起きても、翌日にはまた補充されているが、これも卸売業があればこそといえる。日本の卸売業はとりわけ物流機能が発達しており、注文すればすぐに各種の商品を取りそろえて小売店舗に届けてくれる。

しかし、途上国市場ではこの中間流通部門が極めて貧弱で、卸売業がほとんど発展していないのである。メーカーと取引のある卸売業もあるが、物流（配送）機能は持っておらず商品はメーカーが直接届ける。したがって、かなりまとまった量の取引になるので零細小売店には利用できない。都市部には現金問屋もあるが、やはり物流機能は持っていないため商品は届けてくれない。そのため、小売店主が自ら仕入れに出向いて商品を持ち帰る必要がある。

†流通システムの「穴」を埋めたハイパーマーケット

このような社会の仕組みの中に、大型ディスカウント店が欧州から進出してきたのであった。そこには、ケースや段ボール単位でまとめ買いをすると非常に安くなる商品が、大量に並べられていた。周辺の町や村の零細小売店主には、まさに救世主的な「現金問屋」に映ったことであろう。近年は、大型ディスカウント店で安く仕入れた商品に一、二割利益を上乗せして農村部の小売店で販売することが増えており、中には大型店のプライベートブランド商品を堂々と店頭に並べている店もある。これが途上国の地方商業の現実なのである。

こうして、大型ディスカウント店は、途上国の地方（農村部）では小売業であるにもかかわらず「卸売業」としても意味づけられ、中間流通システムの欠陥を補う（穴を埋める）存在として社会の仕組みの中で、なくてはならないものとして「価値づけ」られた。その結果、強固な存在基盤を築くこととなったのである。これこそが、大型ディスカウント店が一九九〇年代後半から途上国市場の、都市部だけでなく地方にも店舗網を急拡大させて発展したメカニズムといえる。

筆者は、念のためにバンコクの大型ディスカウント店で同様の調査をしてみた。さすがにバンコクでは、個人でまとめ買いをする客が増えたが、中間流通システムの未発達は大都市でも同じであるため、やはり現金問屋代わりに利用している街中の零細小売店主や飲食店主も多くみられた。

大型小売店ができると、周辺の個人商店（商店街など）は潰れるというのが日本社会の「常識」である。しかし、バンコクで零細小売店主に大型店との競争のことを尋ねると「近くに大型店ができたので、安くいろんな商品を品揃えできるようになり助かっている」といった声が多く聞かれ、驚いた。近所に大型ディスカウント店ができたことで仕入れがやりやすくなり、勤めを辞めて新たに雑貨店を開業した人もいたほどである。三〇人の店主にインタビューを行ったが、誰一人として大型ディスカウント店を批判する人はいなかった。そもそも、それを競争相手とは思っていないので、こちらの質問の意図が通じないことも少なくなかったのである。要するに、社会の中で果たす役割がまったく違っているので競争にはならないというのである。むしろ、コンビニに対する警戒感や危機感が強い経営者が多かった。

一方、大型ディスカウント店の方も、周辺の小売業者にセールのチラシを届けたり、電話で注文を受け付けて商品を配達するサービスをしたりしていることが確認できた。小売店主たちは大口の顧客だからである。そこには、日本のような大型店と個人商店との対立の構図はなく、大型店と零細小売店の見事な共存共栄の姿が見える。同じ大型店でも、社会の仕組みが異なると、まったく違ったものとして意味づけをされ、人々の間で認識されていることがよく分かる。

†日本で成長できなかった理由

最後に、ではなぜ日本ではフランスから来た大型ディスカウント店のカルフールが定着できなかったのかという問題に触れておきたい。前述のように、カルフールは二〇〇〇年に華々しく日本に進出したが、わずか四年余りで撤退していった。

その理由としては、まず日本には大型ディスカウント店を現金問屋代わりに利用しなければならない社会の仕組みが存在しないことが挙げられる。既に高度に発展した卸売流通システムが存在しているし、また顧客となる個人商店はすでに激減していたからである。そうなると、大型ディスカウント店は卸売販売に頼ることなく、純粋に小売業として存在し、他の日本の小売業と競争しなければならないことになる。

では小売業としてみた場合、どんな問題があったのか。これは、すでに多くの論者が分析・指摘してきたことであるので詳細はそちらに譲るが、筆者なりにいくつかのポイントを指摘しておきたい。まず、日本では中間流通が発展しているため、メーカーとの直接取引による仕入れ価格の削減が難しかった。要するに安さをアピールできず、日本のスーパー他社との価格差が出せなかった。また、日本では土地や店舗建設への投資コストが一店舗で数十億円と極めて高くつき、大型ディスカウント店の収益構造が根底から崩れた。これも、不動産や建設費が高いという社会の仕組みの違いがもたらした障壁であった。さらに、店舗建設にからむ日本のさまざまな規制（都市計画法や建築基準法、消防法など）も、他市場と比較して投資コストが膨らむ要因となった。

一方、消費者に目をやると、品質は低くても安いものを欲しがる低所得者層は、途上国はもちろん欧米でも移民労働者も含めて相当数存在している。カルフールという店は、まさにこのようなフランスの大衆（移民も含む）のための店であった。したがって所得が低い途上国市場においては、そのような業態コンセプトがうまく機能した。

ところが、日本にはそのように安かろう悪かろうという商品を求める大衆はほとんどいなかった。ユニクロのように、安くても品質が高いもの、付加価値が高いのに安いものを求めていたのである。しかしカルフールは、日本の流通システムとくに卸売システムの下で、有名メーカーの商品を安く仕入れて販売することはできなかったし、かといってユニクロのように魅力的でオリジナル性の高い商品を安く開発できたわけでもなかった。

さらに事態を悪くしたのは、日本人特有の誤解が広まったことである。多くの日本人は、フランスから来た大型店であるからと、輸入品、すなわちワインやブランド品が安く手に入るのではないかという誤った期待を抱いてしまった。これは、フランスという国のブランド性が日本人にもたらした誤解で、学術的には原産国イメージ問題として捉えることができるものである。当然、カルフールはそのような日本の消費者による「見当違いの期待」には応えられなかった。もちろん、カルフール側も消費者の要求に応えようとして、品揃えを何度も変更するなど日本への適応をはかったが、カルフールというハイパーマーケット業態が想定していた「大衆」は日本にはいなかったのである。

†業態の意味を決める社会の仕組み

結局カルフールは、店舗建設(投資)の面でも、商品の品揃えや低価格という面でも、消費者ニーズへの対応という面でも、これまで得意としてきたビジネスモデル(儲ける仕組み）を機能させることができなかった。換言すれば、カルフールは日本社会の仕組みの中で、日本市場ではポジティブな「意味」を獲得できず、新たな「価値」を付与されることもなかったといえる。

日本市場からの撤退後に、カルフール・ジャパンの日本人幹部であった方と話をする機会があった。撤退の要因に話が及ぶと、「いろいろありますが……結局、「ハイパーマーケット」という業態コンセプト自体が日本には受け入れられなかったということに尽きます。日本市場への適応化に向けての細かな修正には努力しましたが、実は日本人スタッフはフランス本社に対して、日本で利益を出していくにはもっと根本的に業態（ビジネスの仕組み）を変更する必要があることを早い段階から提案してきたのです。しかし、聞き入れてもらえませんでした。フランス本社は、「ハイパーマーケット」というフランスで生まれた業態を日本市場で試す（移転する）ことに日本進出の意義があるのだから、変更はできないという主張でした」と筆者に語ってくれた。

そもそも、小売業やサービス業の業態やビジネスモデルは、社会の仕組みをベースに「意味づけ」られ、それに沿った「価値」（存在価値）が生まれて成立しているものである。その社会の仕組み（下部構造）の違いを無視して、いわば上澄み（上部構造）にあたる業態スタイルやビジネスモデルだけを国境を越えて移転することには、無理がある。

ここでいう社会の仕組み（下部構造）とは、人口構造、都市計画、不動産環境（価格や取引慣行）、住宅の広さ・構造、各種の法的規制、税制、交通インフラの整備度、物流システム、所得水準などと、それらの基盤となる気候環境、国土条件が相互に影響し合ったものである。いわば、これらが消費のあり方や小売業のあり方を規定している。より一般的に言うなら、これらが一つの業態やビジネスモデル（上部構造）を支え、それを「意味づけ」、その意味に沿って「価値づけ」ている。下部構造が変われば、上部構造の意味や価値が変わるのは、いわば当然のことといえる。

これは小売業のみならず、個別の商品もしかり、マーケティング手法もまたしかりであるということを認識する必要があるだろう。

4　なぜ市場ごとに価値が異なるのか

†グローバル企業とは

ハイパーマーケットの例のように、ある市場では高い価値を付与される（つまり受容される）が、別の市場では価値を獲得できない（受容されない）という現象は、世界のあちこちで見られるものである。どんなに巨大で強力なグローバル企業であっても、世界のすべての市場でその企業の商品が高い価値を付与されている例は、まずないといっても過言ではない。すでに指摘したように、グローバル企業といえども、国境を越えるごとに、持ち込んだ商品やビジネスモデルに新たな意味づけがなされ、それに沿った価値を獲得しつつ、一つ一つ国境を越え版図を広げてきたのが実態である。当然、拡大の過程では期待したような意味づけを獲得できなかった市場もあるはずだ。このような市場ごとの成果の違いは、社会の仕組みの違いから生まれている部分があるというのが本章での主張であった。

筆者は、そのような市場ごとの社会の仕組みを捉える際の概念（枠組み）として、「フィルター構造論」という考え方を提唱してきた（川端一九九九・二〇〇〇）。最後に、この概念について説明をしておきたい。

†市場の「フィルター構造」とは何か

海外から新しい業態やビジネスモデル、あるいは商品が市場に入ってきた際には、その市場はそれを「選択的」に受容している。つまり、ある商品に対しては価値あるものと意味づけて受容するが、それに似たものであっても、別の商品は無価値なものと意味づけて拒絶することもある。このような選択は、何に基づいて行われているのであろうか。

これまでは、ある商品の受容については法的規制の問題と絡めて説明されるが、別の商品の受容については消費者の嗜好の問題として説明されたり、さらには宗教の問題と絡めて説明されたりするなど、その時々において都合の良い要因（ファクター）がバラバラに持ち出されることが多かった。

これに対して、筆者は海外からの商品の受容や拒絶には、もっと多くの要因が構造的に関与していると考えた。すなわち、多様な要因が複雑に結合し相互に連動して（影響し合って）、特定の商品やビジネスモデルに特定の意味を付与していく構造的な仕組みが存在していると捉えたのである。この意味づけの仕組みは、結果的に、商品が受容されるかどうかを左右する。つまり、海外から入ってきた商品やビジネスモデルを選択的に受容する装置の役割を果たすこととなる。したがって、この構造的な仕組みを「フィルター構造」と呼んだのである。

もう少し具体的に述べるなら、市場に存在する多様な要因には、先述のように人口構造、都市計画、不動産環境（価格や取引慣行）、住宅の広さ・構造、社会制度、法律・法的規制、教育制度、税制、交通インフラの整備度、物流システム、所得水準などの社会的なファクターと、その基盤となる気候環境や国土条件が挙げられる。もちろん、どのような要因が複雑に絡むのかは商品やビジネスモデルの特性によって変わるが、いずれにせよ、それらが複雑に絡み合ったもの（構造）が一つのフィルターとして機能し、海外から入ってくる商品やビジネスモデルを受容するか拒絶するかを決めていると考えるのである。

実際、本章でみてきたように、日本のドラッグストアの意味と価値、キシリトールガムの意味と価値、大型ディスカウント店の意味と価値は、日本、中国、タイの社会（市場）がそれぞれ持っている社会構造の特性の中で、いわば「必然的」に決まったといえる。そのことからも、市場内の多様な社会制度的な要因が相互に関連することで生まれる「仕組み」（構造）を捉える意義の大きさは明白であろう。

企業の側からすれば、海外市場に進出するためには、各市場に備わる「フィルター構造」を構成する要因が互いにどのように影響し合っているのかを見極める必要がある。そのような視点がなければ、市場参入はできない。

†常に変化するフィルター構造

この「フィルター構造」を捉えようとする際には、注意すべきことがある。

一点目は、フィルター構造を構成する社会的要因は、それぞれが時と共に変化するため、フィルター構造も常に変動している動態的、あるいは有機体的な存在であることだ。すなわち、同じ市場のフィルター構造でも、法律や規制あるいは物流技術といった要因が変われば、その全体の構造もそれまでとは違うものに変化する。これが、参入タイミングの違いによる商品の受容・拒絶の差という問題を引き起こす。同じ商品でも、持ち込むタイミング（時期）によって意味づけが変わるため、それが市場参入の成否に影響するのである。

二点目は、それら多様な要因の「すべて」が「等しく」影響を及ぼすとは限らないことである。たとえば本章の冒頭で例に挙げた医薬品などの場合は、医療や医薬品を取り巻く制度や法律、政策が主にフィルター構造のあり方に作用し、商品に対する意味づけを特定方向に誘導する。つまり、その市場に持ち込もうとする商品によって、フィルター構造の質が変化するのである。その結果、ある市場に存在するフィルター構造は一つの固定されたものではなく、持ち込もうとする商品の数だけ存在することになる。

三点目は、これが最も重要なのであるが、フィルター構造論は「制度化された社会の仕組み」を重視していることである。消費者の曖昧な感覚や嗜好ではなく、より明確に捉えられる要因に着目しているのである。いわゆる文化論や心理的な影響とは一線を画している点に特徴があるのだ。もちろん、イスラム教のように文化要因でありつつも、それ自体が社会的な制度と呼ぶべき存在（法的な規制に相当）になっている場合は、重要な要因の一つとなる。

このフィルター構造論が、あえて文化論と一線を画していることには理由がある。何かを説明する際に、安易に文化論を持ち出すと、その他の要因が見えなくなってしまう危険性があるからだ。文化も意味づけの仕組みを構成する要因の一つとして、他の社会的な要因との関係もにらみつつ注目されるべきであろうが、文化論だけで説明しようとする傾向が強く見られるのである。

そもそも文化論的な議論がやっかいなのは、どんなものでも「それは文化の違いだ」「文化の影響だ」と言ってしまえる点にあり、しかも文化という言葉を持ち出すことで、それなりに説明したような気になってしまうし、聞いている方も何となく納得してしまいやすいことである。しかし、では文化とは何かと問われると、きわめて多様なものを含んでおり、曖昧な理解にとどまることが多い。また、その理解も人によって異なっているのが実態であり、果たして言っている側と聞いている側とが本当に共通理解をしているのかすら曖昧である（終章参照）。

筆者は、決して文化論そのものを否定しているわけではない。しかし、文化論を持ち出すまでもなく、その手前にはもっと明確な社会的仕組みの違いで説明できることがある。海外市場を捉える場合は、まずはこのフィルター構造が、持ち込もうとする商品や業態・ビジネスモデルにどのような「意味づけ」や「価値づけ」を行うのかを調べる必要があるといえる。

第 3 章

意味づけを決める市場のコンテキスト
――日本人が知らない「脈絡」

台湾の屋台(台北)

1　屋台に隠された「安全性」と「安心感」

†意味づけと市場の文脈

アジアに進出した多くの日本企業が、アジアの消費市場で戸惑っている理由は二つあると考えられる。

まずは、同じものを見たときの意味づけの仕方が、日本人と現地の人とでは異なっていることである。これについては、第1章と第2章で述べてきたが、それには「フィルター構造」の違いも影響している。

しかし、実はもう一つやっかいな問題がある。それは、たとえ現地の人々が、その商品やビジネスモデルを日本人と同じように「安全だ」とか「便利だ」と意味づけをしたとしても、よく調べてみると、日本人がイメージする「安全」や「便利」と、アジアの人々がイメージするそれとが大きく違っているケースが見られることだ。たとえば、アジア市場で「食の安全を目指す」とか「便利な店をめざす」と言っても、日本人とアジアの人々とでは、イメージするものや期待することが大きく異なる。つまり、何をどうすることがその市場の人たちにとっての「安全」なのか、「便利」なのか、と問うてみるとかなり違っていることが多いのである。

この同じ言葉(概念)に対するイメージの違いは、「フィルター構造」だけではなく、長くその市場で暮らす中で身につけた「捉え方のクセ」も含めた、より幅広い市場の「文脈」が生み出していると考えられる。この言葉の解釈を巡るズレが、市場参入において深刻な影響をもたらすこともある。

本章では、アジアでみられる「安全だ」「便利だ」といった意味づけが、いかに日本人の解釈と異なるのかを明らかにしてみたい。それにより、アジア市場に埋め込まれた「文脈」の一端を浮かびあがらせたい。

†熱帯地域の屋台が持つ「安全安心」

アジアを旅すると、街角に多くの屋台が営業している光景を目にする。それはなぜか熱帯や亜熱帯地域ほど多く見られ、とくにタイ、インドネシア、台湾などでは街中にさまざまな食べ物を売る屋台が展開している。

とはいえ、アジアの屋台は日本人の目には何となく「不衛生」に映ってしまうことが多いのではなかろうか。野天であるために食材や調理具が常に埃や排気ガスにさらされている、虫（ハエ）がたかっている、水道がなく食器も汚れたバケツの溜め水で洗っている、熱帯なのに食材が冷蔵されていない、といったことが「不衛生」という意味づけを導くのである。日本の屋台（縁日の屋台も含めて）なら保健所の指導の下に衛生管理がなされているという信頼がある。しかし、それが途上国の、ましてや熱帯地域の屋台ともなれば不安が先立つ人も多かろう。ゆえに、所得が上昇し人々の衛生観念が成熟すれば、そのような屋台はすぐに消えて食堂やレストランが増えていくのだろうと考える日本人も多い。

しかし、ここで途上国の人々の目から、この屋台を捉えなおしてみると、そこには日本人の目には見えづらい屋台のもうひとつの意味と価値が見えてくる。端的にいうと、屋台は日本人が思う以上に合理的な存在なのである。

まず、屋台では食材が目の前に並べられているので、調理前にそれがどんな状態であったのか、どの程度の鮮度だったのかを確認することができる。また、調理の過程が一部始終見えるので、食材の扱いや衛生管理レベル、調理の腕前、盛り付ける食器のきれいさなどもすぐ分かる。さらに、調理のプロセスでどんな油を使い、どんなソースをかけているのか、どの程度火を通しているのか、食器の洗浄の仕方もすべてが分かる。もし、食材の鮮度が悪そうであれば、もっと火をよく通してくれと注文ができるし、好みに応じてソースや香辛料を追加してもらうこともできる。調理人が不衛生な調理をしていたり、食材が腐敗臭を放っていたり、食器が許せないほど汚ければ、別の屋台に行けばよい。屋台では、すべてが自分で確認できるのである。

図 3-1　道ばたの屋台（バンコク）

これが、普通の食堂だとそうはいかない。調理場が客席から見えないので、奥でどんな食材をどのように調理しているのか、そのプロセスにおける衛生状態などが一切分からない。極端にいうなら、腐りかけた食材を使って、汚い手で不衛生な器具を使って調理をされていても分からないし、虫がたかっていても、さらには床に落ちたものを拾ってそのまま皿に載せて出されていても何も分からないのである。

広島焼の「安全安心」

タイのバンコクにある日系食品スーパーを訪れた際、総菜売り場のところに広島焼（広島風のお好み焼き）のコーナーがあった。「こっちの人は広島焼も食べるのですか？」と、思わず案内していただいた現地子会社の日本人社長に尋ねると、興味深い話をしてくれた。

以前、広島出身の日本人スタッフがいて、タイにはお好み焼きに似た粉ものの食べ物もあるので、広島焼も売れるのではないかと提案してきた。そこで、広島焼を店舗裏の調理場で焼いて、発泡スチロールのトレイに載せラップをかけて総菜売り場の目立つところで売り始めた。予想通り多くの人が「何やら日本の食べ物を売っている」と興味をもって足を止めてくれた。しかし、ほとんどの人は手にはとるが眺めるだけで、なかなか買おうとしてくれなかった。日本人スタッフたちにはなぜ売れないのか分からなかった。すると、それを見ていた地元スタッフが、鉄板を奥の調理場から売り場に持ち出して、客の目の前で焼いて販売することを提案した。そこで試してみると、見る見る人だかりができて、飛ぶように売れていったというのである。

つまり、タイの人たちが買わなかったのは、トレイに載せて並べられている「広島焼」

なるものが、一体どのような食材を使って、どのように調理されたものなのか、中には何が入っているのか、外から見える卵の鮮度はどうなのか、そしてどんな味がするものか、などといったことが確認できなかったからだった。興味はあるが不安になって買うことができなかったのである。

もちろん、目の前で焼くのであるから、周囲に美味しそうな匂いが漂い、湯気が立ち、ジュージューという音が広がったことも効果的であったことは否めない。しかし、それ以前の問題として、目の前で焼くことが人々の不安を取り除いた効果が大きかったという。

ついでに一つ補足しておくと、筆者は「アジアではお好み焼きは難しい」という話を現地の外食業界の日本人から何度か聞いたことがある。その理由ははっきりしないようだが、筆者には、いくつか理由が推察できる。まず、お好み焼きは中身が見えにくい。これまで述べてきたように、お好み焼きを知らない人に「不安」を与えてしまうのである。その点ピザはトッピングが丸見えなので、安心感を与える。自分が好きなものがトッピングされているのか、宗教上食べてはいけないものがトッピングされているかどうかが、すぐに確認できる。ピザが世界中で受容された秘密も、案外そのあたりにあるのではないかと見ている。もちろん、お好み焼きも、客の目の前で焼いて製造プロセスを見せれば、問題はない。ただし、店の外を歩く人にそのプロセスを見せなければ、店内には入ってくれない点には注意が必要であろうが。

以上のように、途上国の屋台は、「安全」だと意味づけされた、「安心感が高い」（という価値を持つ）存在であることが見えてくる。とくに熱帯に行くほど、食べ物については安全安心が受容のカギを握る。日本人の目から見ると、不衛生のオンパレードに見えてしまう途上国の食の現場であっても、現地の人からすれば、「そのリスクの程度がきちっと確認でき、食べてもよいかどうか自分で判断できること」が重要となるのだ。そこからは、安全な商品（つまり結果）を重視する日本の消費者と、製造過程の安全性を確認できること（つまりプロセス）を重視するアジアの消費者との発想の違いも見えてくるのである。

†KFCへの安心感とマクドナルドへの不安感

このようなことは、近年話題となることが多いイスラム教の「ハラール」の問題においても見られる。イスラム教では、イスラム法によって豚肉やアルコール類などの摂取が厳しく禁止されていることはよく知られている。また、コーランでは家畜の屠殺の仕方も規定されており、たとえ牛肉や鶏肉であっても宗教的に正しい手続きを経て屠殺処理されていない肉は不浄な肉として食べてはいけない。マレーシアや中東などでスーパーに行くと、イスラム教徒が食べてもいい肉類を売っているコーナーには「ハラール（HALAL）」という表示が大きく出ており、豚肉や豚肉を使ったハム・ソーセージ類などが並ぶ「ノン・ハラール（NON　HALAL）」のコーナーとは完全に分離されている（図3−2）。消費

図3-2　スーパー内のノン・ハラールコーナー（マレーシア）

図3-3　東南アジア各国のハラールマーク

者が間違って豚肉やアルコールを含む食品を買うことがないようにしているのである。また、ハラールの加工食品にはハラールマーク（図3－3）が付いており、一目でハラールであるかどうかが分かる。さらに、外食店ではマクドナルドも含めて、ハラールの認証がとれている店には、ハラールの認証マークが目立つところに掲げられている。

このようにイスラム教徒にとっては、ハラール食品であるかどうかを確認できることが、すなわち食の安全安心問題なのである。しかし、ハラールと示されてもそれで問題が解決するわけではない。

イスラム教を国教とするマレーシアの消費者は、とりわけハラールに敏感だとされる。マレーシアには、マクドナルドとKFC（ケンタッキーフライドチキン）が進出している。しかし、二〇一七年現在で、マクドナルドの店舗数が二七〇店程度であるのに対して、KFCは六〇〇店を超えており、両者の差は歴然である。ここにも食への意味づけの問題が潜んでいる。

マクドナルドは、店のカウンターや壁に大きなハラールの認証マークを掲げている。政府の認証機関からの、「イスラム教徒が食べてもよい食品を提供している店ですから安心してください」というメッセージである。しかし、それでも一抹の不安を感じる人もいるとされる。なぜなら、ハンバーガーの肉がミンチ状であるため、それが牛肉なのかどうかが分からないからだ。つまり、肝心な部分の安全性が確認できないのである。

一方、マレーシアで昔からダントツの人気を誇る外食チェーンがKFCである。こちらは、現在でこそ店舗名は「KFC」（鳥インフルエンザの流行を機にチキンを目立たなくするために改名された）であるが、進出当時は「ケンタッキー・フライド・チキン」と「チキン」の文字が入っていて鶏料理店であることがすぐにわかったという優位性があった。しかし、それ以上にひと目でそれが鶏肉であることが確認できる商品だという点が、消費者に大きな安心感を与えてきた。骨付きであることが確認効果をさらに高めている。

実は、マクドナルドにおいても、牛肉のハンバーガーよりチキンの方がよく売れているとされる。マレーシアのマクドナルドのメニューには、「アヤム・ゴレン」というマレーシアの伝統的な骨付きチキンの揚げ物が用意されていて、これが人気を集めているのである。このことからも、ファストフードの受容を巡るマレーシア市場の文脈の一端を知ることができる。

†「確認」と「自己責任」

アジア市場では、熱帯地域に行くほど、自分の目ですべてが確認できること、自分でリスクを判断できることが、「安全」という意味づけにとって重要なカギを握る。

海外市場で商品を売ろうとする際には、安全性の高い商品を持ち込むことは自明であるが、ポイントはそれがどれだけ安全に製造・保管されたものであるかということではなく、その安全性を消費者が一目で確認できるかどうかということにある。もちろん、確認するのは消費者自身であるから、これは「自己責任」に通じている。

近年は、日本の食品メーカーがイスラム市場に輸出するためにマレーシアのハラール認証を取ることも増えている。その際には、マレーシアから検査官が来て、原材料から輸送・保管、生産工程などをこと細かくチェックするが、それは消費者に成り代わって確認しているに過ぎない。先述のハラールの認証マークを掲げる意味も、専門機関による確認済みであることを消費者に確認させることにある。しかし、それはあくまで間接的な確認にすぎず、ハラール認証があればすべて「安心」と消費者が思うわけではない。

ハラールであることはイスラム市場においては重要な要件である。しかし、ハラール認証がとれていても現地の人々が知らない食べ物ならば、中に何が入っているのか、どのように製造したのかを示すことが「安全」という意味づけにつながり「安心感」という価値を生む。逆に、ノン・ハラールでも、それがなぜ（何がどの程度入っているから、どのようなプロセスが抜けているから）ハラールではないのかを示せば、彼らは自己の許容範囲に応じて判断が可能となる。それもひとつの「安全」情報のかたちであろう。

というのも、イスラム教徒であっても、どこまでハラールにこだわるかについては個人による許容差が存在しているからである。最終的に、それを食べるかどうかは「自己責任」なのである。マレーシアのイスラム教徒は総じて厳格であることが知られるが、他地域のイスラム教徒では個人の判断で多少のことなら許容する場合が見られる。また、旅先であれば、ある程度は仕方がないとして許容することも多い。旅先で、ましてや周囲にイスラム教徒の目がない状況となれば、さらに許容範囲は広がる。実際、海外に出た際には、ビールくらいならと許容する人もいるし、豚骨ラーメンですら許容する人もいるとされる。

ここで見落としてはならないことは、確認した後にそれを買うかどうか、食べるかどうかは、消費者自身が意思決定しているということである。多少不安な部分があっても、リスクを承知で買うこともある。その責任は自分自身にある。したがって、どの程度安心できるのか、どの程度安心できないのか、という情報を消費者に確認してもらう必要がある。その結果、その人にとって安心だと意味づけられれば、あるいはそれは許容範囲のリスクだと意味づけられれば、その商品は受容されることとなる。

これに対して、日本の消費者は、自分で確認することなく、また自分の責任でリスクを判断することなく、企業や店側に対する「信頼」をベースに安心だと意味づけて受容する。つまり、企業や店自体の信頼が重要な日本という市場と、消費者の判断材料が適正に示されることが安心と企業の信頼につながるアジア市場との違いである。

2 アジア的「安心感」で市場を拓く

†ペッパーランチの秘密

この「安全」という意味や「安心感」という価値は、どのようにすれば獲得できるのであろうか。実は、このようなアジアの意味づけの仕組みにうまくマッチしたかたちで、アジア市場で人気を呼んでいる日系外食チェーンがある。それが日本でもよく知られるペッパーフードサービスが展開する「ペッパーランチ」である。

二〇〇三年にソウルに海外一号店を出して以来、台湾、シンガポール、中国、インドネシア、タイなどアジアを中心に一五か国に進出し、二七〇店近くを展開するまでに至っている。最多出店国は中国で六〇店、それにインドネシアの四五店、シンガポールの三九店、フィリピンの三七店が続く（二〇一七年末計画値）。

ブレイクのきっかけは、二〇〇五年のシンガポール進出であった。香港とシンガポールに拠点を置く日系大手企業の子会社が、このペッパーランチが持つ可能性に着目し、シンガポールでの運営（マスターフランチャイズ）を申し込んできたのであった。このシンガポール店がショールームとなって、その後、アジア一円からフランチャイズ希望者が名乗りをあげるようになった。現在では、アジアでの運営は同社に委ねている。

とはいえ、なぜここまで成長できたのであろうか。その秘密は、ペッパーランチの独特の飲食スタイルにある。最も人気のあるメニューの「ペッパーライス」を例に説明してみよう。

まず、店舗のカウンターでそれを注文すると、図3－4のごとく熱した鉄製プレートの上に胡椒をまぶしたご飯が盛られ、その周囲を生の薄切り牛肉が取り巻いたものを渡される。それを客自身が店内のテーブルに運んで食べるのであるが、客はテーブルの上で、牛肉とご飯を熱い鉄プレート上で自分で炒めながら食べるという趣向である。牛肉への火の通し加減やご飯の炒め加減は、自分の好みに応じて客自身が決めればよく、その際にジュージューという音と共に、周囲に牛肉や胡椒が焼けるいい匂いが広がる。目、耳、鼻、舌で料理を味わうと同時に、自分の手で好み通りに調理の仕上げができる。まさに、五感で味わえるのである。

図3-4　ペッパーライス（提供：ペッパーフードサービス）

このスタイルがアジアでウケているのは、熱々の出来立てが食べられることもあるが、やはり調理する前の状態が確認できることが大きな要因ではないかと筆者はみている。つまり、生肉の状態を確認し、鉄プレートの清潔さも確認できる。また、肉への火の通し加減やご飯の炒め具合は自分の判断で決められるし、味つけの調整も自分の判断でできる。このようなことが、「安全だ」という意味づけを喚起し、「安心感」のある店という価値を生んでいるとみてよい。食の安全に気を遣う中国や、熱帯地域の東南アジア諸国でとくに人気が高いことにも頷けよう。

もともとこのスタイルは、日本で日本人向けに開発されたものであったが、それをそのままアジア市場に持ち込んでいる。その点では、完全な標準化戦略である。しかし、この飲食スタイルがアジア市場の文脈の中で、日本では得られなかった大きな意味と価値を獲得したのである。つまり、そのような意味次元にまで降りて捉えると、実はそれはみごとな適応化戦略になっていたことが分かるのである。

†香港ワタミの人気ランチの秘密

同じようなケースが香港でもみられた。ワタミは日本でもよく知られる居酒屋チェーンであるが、二〇〇一年に初の海外市場である香港に進出している。詳細は省くが、その後、ワタミは香港で人気の日本食店として成長し、二〇一七年七月時点で香港に二六店舗を展開するまでに成長している。

香港でのワタミは、進出当初から日本と同じメニュー、日本と同じ味をウリにしていた。それが日本旅行のリピーターが多くいて、日本の本物の味を知る香港の人たちの支持を受

図3-5　香港ワタミのヒレカツの卵とじ定食（提供：香港ワタミ）

けた。筆者が調査で訪問したのは進出から四年目のことだったが、すでに一二店舗に成長していた。香港では日本と違ってランチメニューをやっているということだったので、香港でもっとも人気のあるものを現地の日本人責任者に尋ねてみた。

　すると「ヒレカツの卵とじ定食」が香港開業以来の一番人気だとの答えが返ってきた。試しに注文すると、カットしたヒレカツを五、六切れ載せて出汁をはった浅い土鍋が乗せられた卓上コンロが出てきた。その傍らには生卵が（割らずに）殻付きのまま入った器が付いている。もちろん、ごはんとみそ汁、サラダと漬物がこれにセットされている。客は、コンロに火をつけて浅い土鍋にはられた出汁が熱くなるのを待ちつつ、卵を自分で割って溶き、出汁が沸騰した頃合を見計らって、溶いた卵をカツの上に注いで卵とじにする。つまり、最後の仕上げを自分で行って食べる趣向である。日本人には特段珍しくもない定食に思えるが、これがダントツの人気だというのである。

人気の理由は、それが中国人の好きな豚肉のヒレカツであることや、熱々の出来立てが食べられること、出汁が煮立って周囲においしそうな匂いが広がることもある。しかし、それ以上に卵が生で割らずに出てくることと、卵の火の通し加減を自分で決められることに人気の秘密があるとされる。

これを理解するには、アジアでの卵の扱いについて知る必要がある。まず、日本の卵は安全な飼料を使って衛生的な管理の下で飼育された鶏から採取され、洗浄殺菌を行ってサルモネラ菌が繁殖しない低温で管理をしたうえで出荷している。小売店でも冷蔵で売られ賞味期限はせいぜい二、三週間であることが多い。消費者も卵は生鮮品として認識し冷蔵庫で保管している。だから生で食べても何の問題もない。

しかし、アジアでは羽毛や糞が付いたままの不衛生な卵が、食品店や雑貨店の片隅で箱に入れられて常温で販売される状態が長く続いてきた。そのような卵は、賞味期限も記されていないが、だいたい常温で数ヶ月程度が相場であった。したがって、古い卵はサルモネラ菌が繁殖している可能性があり、生では危険でとても食べられなかった。アジアの人々にとって卵は長らく危険な食べ物だったのである。今でも、アジアの地方にいけば卵はそのような意味づけをされている。近年は、アジアでも衛生的な卵が都市部のスーパーで冷蔵で売られるようになっているし、日系レストランで出てくる卵は安全だという認識も広がりつつあるが、それでも不安に思う人は少なくない。

さて、このヒレカツの卵とじ定食では、衛生的な卵が殻のまま出てきて自分で割るので、その鮮度を自分の目で確認することができる。また、卵の溶き具合や火の通し加減は、もちろん自分の好みでいかようにもなる。溶かずにかけてもよいし、さっと溶いて白身と黄身の部分の違いを楽しむこともできる。カツにかけた卵の火の通し加減も自由であるが、不安に思う人はしっかり火を通せばよい。

このようなところにも、アジアの文脈下における「安全」という意味づけが見え隠れしているのである。なお、このメニューは、ランチタイムにはスピーディーさが求められることから、その後は時間のかかるコンロは使用されなくなった。現在では、あらかじめ調理場で熱せられた土鍋の上にヒレカツがのって出てくるようになっており、溶き卵もすでにカツの上からかけられている。

この変化が消費者に受容されたのは、香港でも衛生的な卵が広く売られるようになり、卵に抱く不安感が和らいだことを暗示しているのかもしれない。「安全」という意味づけを生み出す規範感覚も、社会の変化と共に少しずつ変化するということがうかがえるのである。

3　零細雑貨店に隠された「便利さ」

†アジアの小売流通は雑貨店が主流

アジアの都市を歩くと、街中や住宅街のあちこちに、ドリンク、菓子、酒、タバコのほか洗剤などを並べた小さな雑貨店（よろずや）を目にする。第2章で少し述べたタイの零細小売店と同じようなもので、フィリピンでは「サリサリストア」（図3－6）、インドネシアでは「ワルン」（第1章章扉写真参照）と呼ばれる。狭い店内に雑然と並ぶ商品の中には、砂埃にまみれたものや日焼けしたものも見られる。

日本人には、屋台と同じく、経済発展の波の中ですぐに消滅してしまう時代遅れの遺物のように映る。いうまでもなく、日本では一九六〇年代後半からのスーパーの急激な台頭によって、商店街や小売市場の個人商店の多くが姿を消した。それゆえ、多くの日本人は、アジアの雑貨店に日本での歴史を重ねて「意味づけ」をしてしまいがちである。しかし、このような日本的な意味づけがアジア市場の論理を見えなくしているのである。

図3-6　フィリピンのサリサリストア

実は、アジアの雑貨店はそう簡単には潰れない存在である。実際、このような雑貨店が小売販売額に占める割合は、現在に至っても、タイやフィリピン、インドネシアでは八〇パーセント程度、ベトナムでは九〇パーセント程度を占め、さらにインドでは九八パーセントにも達するとされている（ユーロモニター社調べ）。

この状況は、決して経済発展が遅れているからではない。アジアの零細雑貨店が日本とはまったく異なる論理で「意味づけ」をされ「価値づけ」られているからだと見るべきなのである。果たして、それはどのようなものなのであろうか。

†雑貨店は究極のコンビニ

以前、バンコクの街角の小さな雑貨店で、衝撃的な体験をしたことがある。筆者が冷たい飲み物を買おうと小さな雑貨店に入ると、すぐ後から作業服姿の中年男性が入ってきた。その男性は店のおばさんに何やら一言声をかけると、おばさんが棚からウイスキー瓶をとり出してショットグラスに少量注いだ。男性はそれをストレートでグイッと飲み干し、おばさんにまた一言。すると、おばさんはタバコを一箱取り出して封を切り、数本を小さなビニール袋に小分けして男性に手渡した。男性は、その中の一本を口にして、天井からつるされた一〇〇円ライターで火を付け、わずかなお金を置いてさっと立ち去った。この間、三〇秒余りの出来事だった。

その時はあっけにとられて見ているだけだったが、しばらくして冷静に考えてみるとすべてが納得できた。つまり男性は、今必要な分だけ酒を飲み（ワンショット）、今必要な分だけのタバコを買って火をつけ、必要最小限の金を払ったのである。これこそ、究極のコンビニエンス（利便性）である。

とはいえ、バラ売りは割高では？　という疑問も生じる。そこで、店のおばさんに尋ねると、ウイスキーもタバコもバラして売ると一割ほど余計に儲かるという。その程度の割高加減なら、客もバラで買った方が合理的であろう。

その点、コンビニは融通が利かない。タバコを一本だけ吸いたくても一箱分の現金が必要となる。仕事終わりにウイスキーを一杯だけキュッといきたくても、一瓶分の現金が必要となる。郊外のディスカウント店でなら酒はもっと安いが、まとめ買いをしないといけないし、そもそも郊外の店まで行くのに金と時間がかかる。

また、タイの農村部の雑貨店を調査していた際、店頭に赤い液体が入ったウイスキーの瓶が何本も並んでいる光景を目にした(図3-7)。最初は酒でも売っているのか、というくらいにしか考えていなかったが、ある時バイクに乗った男性が店に来て、その瓶の中から一本を手に取って自分のバイクに入れ、少額のお金を払って去って行った。なんとそれはガソリンの小分け販売だったのだ。

タイのみならず東南アジアの農村部ではバスも走ってないし自家用車を持たない人も多く、バイクが重要な移動手段となる。バイクであれば、どんなに細い道でも進めるし、小さな木の橋でも渡ることができるからである。とはいえ、多くの村にはガソリンスタンドはない。幹線道路沿いにはあるが、あったとしても一リットル単位で買うほど手持ちのお金に余裕がない。そこで、雑貨店が空き瓶に五〇〇ccずつとか、四〇バーツ分ずつといった単位で詰めて販売している。三〜六本程度で小型バイクのタンクが満タンになるらしい。どこかにバイクで行く場合は、その往復の距離に合わせて少量ずつ買っているのである。なんと無駄のないことか。

このようなガソリンの瓶販売は、タイだけではなくインドネシア、カンボジア、ミャンマー、フィリピンなどアジアで広く見られる。物々しいガソリンスタンドなど必要がないことを教えてくれる光景である。重要なことは、アジア諸国には、そのような取引をしてくれる店こそが「便利」な店という意味づけを獲得し、「価値づけ」られる社会がまだ残っているということだ。そして、そのような社会においては、「不要な量」まで押し付けたり、「不要な量の代金」まで要求する近代小売業（スーパーやコンビニ）は、それがいかに綺麗な店舗であったとしても、競争

図3-7　雑貨店でのガソリンの瓶単位の量り売り（タイ）

上は不利な立場に置かれていることも認識しなければならないのである。

†掛け売りの役割

もうひとつ、雑貨店が果たす重要な社会的機能が「掛け売り」、つまり「ツケ払い」である。もちろん、顔なじみの客に対してだけではあるが、これには現金の持ち合わせがない時（収入がない日）でも必要なものが買える便利さがある。

前章で、タイ東北部の農村を回って調査をしたことを述べたが、筆者が調査した村の雑貨店は、すべての店で村人に対して「掛け売り」を行っていた。「掛け売り」は一九六〇年代までは日本でも普通に行われていた。商店街の個人商店は、近所の人たちに対してツケで商品を売っていた。手元に現金がないときでも、仕事終わりの酒は飲みたい、タバコは吸いたい、家族の夕飯の食材は必要、病気になった子供に薬は飲ませたい、といった欲求は満たさねばならない。そこで、信頼関係をもとにツケで売ってもらうことになる。いわば、貧しい時代の社会扶助制度であった。しかし、それは日本では一九七〇年代に入る頃にはあっという間に消滅した。

ところが、アジアではこの掛け売りがまだまだ大きな意味と価値を持っている。アジアでは不安定な収入で生活をしている人も少なくない。都市部なら、歩合給で働くタクシー運転手などはその代表であろう。また、月給で働いていても稼ぎが十分でない人も多くいる。そのくせ無計画に使ってしまう人も多い。貯金をする発想すらない人もいる。大都市でも、銀行口座を持たない人がいるし、それが地方の農村部であればなおさらである。したがって、今日の稼ぎが十分でなかった人、今日は稼ぎに出られなかった人、無計画に使いすぎて生活費が給料日までに底をついてしまった人、といった人々にとっては、掛け売りをしてくれる店が命綱（ライフライン）となっている。その場合は、価格が多少高かったとしても問題にならない。

先に述べたバラ売りの便利さと掛け売りによって、雑貨店は貧しい人々が多く住む地域ほど、なくてはならない存在として高い価値を付与されている。マニラなどでも、とりわけスラム街の雑貨店がよく流行るとされる。近年は所得が比較的高い人がいるエリアではコンビニが台頭してきてはいるものの、コンビニは現金のみの商売なので、社会的な価値という観点から捉えると雑貨店にはかなわないのが実情である。

ただし、店側からすると、掛け売りは経営上のリスクとなっている。筆者がタイで調べた一〇〇店余りの零細雑貨店のケースを見ても、そのほとんどがきちっとした帳簿などは付けていなかった。仕入れと売り上げの把握をしていないのはもちろん、いつ誰にどれだけ掛け売りをしたのかも定かではないことも多い。

農村部の雑貨店を回った際も、「ツケで売った記録は私の頭の中にあるから大丈夫」とか「柱にペンで書いている（記録している）から大丈夫」などと答える店主も少なくなく、苦笑いするほかなかった。その結果、「請求してもすでに払ったと言って取り合ってくれない」と嘆く店主も多い。資金繰りに窮して閉店に追い込まれる店もあるが、タイの農村部では何とか食べていけるので、店主はいたってのんびりと構えていることが多いのも事実である。つまり、掛け売りは踏み倒されることが多いとはいえ、その緩やかさも織り込んだ社会扶助制度になっているといえる。

4　アジア市場のコンテキスト

†「フィルター構造」から「市場のコンテキスト」へ

第2章で「フィルター構造」について述べた。それは、社会の制度的な要因が絡み合ったものであったが、それがモノゴトの意味づけや価値づけに影響を及ぼすことで、結果的に海外から入ってきた商品やビジネスモデルを受容するかどうかを決めていた。

しかし、フィルター構造を構成する社会的な諸制度には、そもそもそれらが生まれてきた背景が存在するはずである。つまり、それぞれの地域（市場）が有する「文脈」の存在である。その文脈とは、その市場の自然、歴史、政治、文化など多様なものが絡み合った存在であり、それがさまざまな制度を生み出し、その内容を規定していると考えられる。つまり、各種の法律や規制も各種の制度も、この文脈に沿った内容となっているはずである。

本章では、日本と東南アジアとの間に存在する「安全安心」の意味の違いや、「便利」の意味の違いについて述べた。このような意味内容の違いも、それぞれの市場が有する文脈の違いに依拠しているといえよう。このような市場が有する文脈のことを、ここではより一般的に市場に備わる「脈絡」と呼んでおきたい。

ところで、第2章の冒頭で、意味づけには二種類のものがあると述べた。一つは、社会の仕組み（フィルター構造）に基づくものであり、いまひとつは豚骨スープを「おいしそう」「体によさそう」だとする中国人の意味づけ（第1章）のような「モノゴトの捉え方のクセ」に基づいたものである。フィルター構造は、すでに述べたようにこの市場の脈絡から生まれたものであるから、前者は市場の脈絡がフィルター構造を介して間接的に行う意味づけである。また、後者は市場の脈絡が生み出した思考のクセがもたらす、より直接的な意味づけといえる。このように、この市場の脈絡は二種類の両方の意味づけを行う存在なのである。その意味で、この市場の脈絡こそが意味を生み出し、その意味内容を規定する仕組みに他ならないといえる。

これを踏まえるなら、海外で外見が日本と同じように見える商品や店舗を目にしたとしても、それが依拠している脈絡は異なるであろうから、その市場における商品や店舗の意味や価値は日本と同じとは限らないと見てよい。また、脈絡が異なることは、その商品や店舗の今後の変化のあり方が異なることを示す点にも注意すべきである。アジアの屋台や零細雑貨店は、それぞれの市場が有する脈絡の中で、独自の意味を与えられ、価値を付与された存在であった。それだけに、日本の脈絡で考えるほど簡単には廃れないであろう。一方、市場の脈絡は日々変化していることから、今後は日本とは異なる方向に発展・進化を遂げる可能性もあろうし、日本とは異なる衰退の仕方をする可能性もあろう。

筆者は、このような市場ごとの脈絡を「市場のコンテキスト」と呼んできた（川端二〇〇五、二〇〇六）。「コンテキスト」という語は、英語では context であり、近年ビジネスの世界でも使われている「コンテクスト」と同じである。言語学をはじめとする人文科学領域では「コンテクスト」という表記が一般的であるし、マーケティングの世界でも「ロー・コンテクスト／ハイ・コンテクスト」論（E・ホール一九七九）や「コンテクスト・ブランディング」（阿久津・石田二〇〇二、三浦二〇一二）など「コンテクスト」という表記が使われている。それらは多くの場合、個別のモノゴトの背景やそれが置かれている状況という意味で用いられる。

しかし、ここでいう「市場のコンテキスト」とは、意味づけの仕組みや意味内容を規定する仕組みを表すものであることから、一般的な「コンテクスト」概念と切り分ける目的で、あえて「コンテキスト」と表記している。なお、「コンテキスト」という表記はコンピュータ領域ではしばしば用いられる表記でもあるが、それはまた意味が異なるのでここでは触れない。

†市場のコンテキストの多様性

ここで留意すべきは、この市場のコンテキストには一般型は存在しないことである。たとえば、「日本市場のコンテキスト」「タイ市場のコンテキスト」などと個別の市場のコンテキストを固定的にステレオタイプ化して捉えることはできない。なぜなら、各市場のコンテキストは商品ごと、業態ごと、ビジネスモデルごとに異なる姿を現すからである。要するに、参入主体との相対的な関係性の中で成立しているのである。たとえば、ある市場に日本から自動車を投入した場合と、インスタントラーメンを投入した場合とでは、その意味づけや価値づけに影響を与える市場内の要因の組み合わせは大きく異なってくる。また、それぞれの要因が与える影響の内容も異なったものとなる。したがって、同じ市場であっても、商品によってそこに立ち現れる市場のコンテキストは別のものになるのである。当然、意味づけを生み出し支えるメカニズムも異なる。

さらに、同じ種類の自動車を同じ市場に投入する場合でも、時期が異なればそこにはまた違ったコンテキストが存在する。いうまでもなく、諸要因の状況が時と共に変化してくるからである。したがって、市場参入を行うタイミングによって、同じ自動車が同じ市場で異なる意味づけをされることも起こりうる。このように、市場のコンテキストは動態的なものとして捉える必要がある。

市場のコンテキストへのシンクロ（同期化）

先にも述べたが、コンテキストは常に変化しているものである。そのため、現在の意味づけが永遠に続くとは限らない。その市場のコンテキストがどのような変化を遂げてきたのか、今後どのような方向に変化するのかを慎重に見定めながら、最適な意味づけを探ることが重要になってくるのである。たとえば、消費者は時代と共に変化（学習・発達）していく存在であるから、それに合わせて商品の意味づけや価値づけを変えていくことも求められる。

このようなことを、筆者は市場のコンテキストへの「シンクロ」（同期化）と呼んできた（川端二〇〇五）。これが、国際マーケティングの現場でめざすべき目標となる。つまり、真の市場適応とは、市場のコンテキストへの「戦略的なシンクロナイズ」のことであり、単に盲目的に追従したり消極的に順応して相手市場に合わせていくことではない。しばしば、消費者アンケートの結果などに基づき、「〇〇人はこういうデザインが好みだからこのように変えました」といった素朴で表面的な「適応化」をする例が見られるが、それは単なる現地市場への「迎合」であることに気づくべきであろうし、それでは次の市場の動きを予測することもできないことを認識すべきであろう。

なお、近年はこの「シンクロ」に似たことを「寄り添う」や「埋め込み」という言葉で表現する傾向がマーケティングの世界で広まっている。「寄り添う」とは、企業や組織が「顧客に寄り添う」「ユーザーに寄り添う」などと使われる。そこでは、相手との「共感」が重視される（石井二〇一四）。一方、「埋め込み」は九〇年代から欧米の研究者たちがさまざまな分野で用いるようになったEmbeddednessを訳したものである（ポランニー一九七五）。企業や組織の「社会への埋め込み」「市場への埋め込み」などと使われる。こちらは、社会や市場の構造（非制度的なものを含む）に組み込む、適応させる、あるいはその社会で正当なものと見なされるといった意味で用いられることが多い。

これら「寄り添う」や「埋め込み」という言葉は、意味内容的には市場のコンテキストへのシンクロに通じるものといえる。とはいえ、市場が動態的な存在であることを考慮するなら、まさに「シンクロ」（同期化）させ、時間の流れと共に変化していく現地市場の消費者と歩んでいく必要があると筆者は考えている。

ただし、シンクロをするためには、いったん日本のコンテキストから商品やビジネスモデルを解放してやることが求められる。そのうえで、商品やビジネスモデルを現地市場のコンテキストの中に置いてみて、そこでどのような意味づけや価値づけがなされるのかを考えるというステップが必要となろう。そうすることで、商品やビジネスモデルに備わる価値を、どのような角度からどのように説明することが、現地市場のコンテキストに沿った適切な価値の伝え方になるのかが見えてくると考えられる。

このプロセスは、社会学者のアンソニー・ギデンズ（A. Giddens, 一九三八～）が提唱した、「脱コンテクスト化／再コンテクスト化」あるいは「脱埋め込み／再埋め込み」という概念に通じるものがある（ギデンズ一九九三）。もちろんギデンズが議論したのは近代化のダイナミズムなのであり、国際マーケティングとは異なるが、発想やイメージが共有できる部分は多いと考えている。

第４章

アジアの中間層市場——意味づけと市場拡大

日系外食チェーンの吉野家に列をつくる中間層（ジャカルタ）

1 「中間層」とはどのような人々か

†意味づけの主体としての「中間層」

「アジアでは中間層が急増していますから、売り上げも順調に伸びてきています」(日系家電メーカー)。「私たちのお客様は、ずばり豊かになったアジアの中間層です。とくに若い人たちの消費力には目を見張るものがありますね」(日系外食チェーン)。「アジアの中間層向けに新しいブランドを立ち上げました。彼らの高い感性と消費力に期待しているところです」(日系アパレルメーカー)。

近年、アジア市場への参入を狙う(果たした)日本企業の担当者から、当たり前のように「中間層の急増」「豊かな中間層が拡大する消費市場」といった言葉を聞くようになった。

本書におけるこれまでの話を踏まえるなら、アジアの中間層を捉える際に重要となるのは、彼らが何に対して、どのような意味づけをする傾向があるのか、ということであろう。しかし、企業関係者の中に、そのような問題意識で中間層を見ている人は皆無に等しい。彼らの関心は、中間層の所得と数の増大がもたらす市場拡大に集中している。

後にも述べるが、そもそも「中間層」とは産業革命期に出現した新しい社会階級であることから、その研究は主に社会学や政治学の領域で進められてきた。そのため、中間層の消費パワーが注目されている割には、消費者として捉えた研究の蓄積は遅れてきた。近年では、広告会社や民間調査会社がアジアの最新の消費者像（彼らの選好や意識など）を、アンケートやインタビュー、家庭訪問といった手法を使って描いたレポートを目にする機会も増えた。とはいえ、そのほとんどは先端的な消費トレンドや消費者意識を紹介するにとどまっており参考資料の域を出ていない。

本章では、そのようなアジアの中間層の新しい姿を追うのではなく、中間層を巡るより本質的な問題に目を向け、消費者としての中間層をどう捉えるべきなのか、中間層は何にどのような意味づけをする人々なのか、中間層市場のどのような側面に着目をすべきなのか、といった課題を検討したい。

†注目されるアジアの中間層市場

今や中間層（middle class）への関心は、日本のみならず世界的なものとなっている。とりわけ、アジアにおける中間層の増大には目覚ましいものがあるとされ、中間層を巡る多くの予測が出されている。

わが国で「中間層の増大によるアジアの市場拡大」が盛んに報じられるようになるのは、二〇〇九年に経済産業省が出した『通商白書』の中で、「アジアの中間層は一九九〇年の一・四億人から二〇〇八年には八・八億人に急増した」と指摘されたのがひとつのきっかけであった。二〇一〇年になると、OECD開発センターのカーラス（Kharas）が「中間層はアジア太平洋地域で最も増大し、二〇二〇年には一七億四〇〇〇万人と世界の中間層の半数以上を占める」と予測する。これが「OECD予測」として広がった。

このような中間層の増大予測と同時進行で、中間層が消費市場の急拡大を導くという議論も広がってきた。たとえば、二〇一〇年の『通商白書』では、「アジアの中間所得層は二〇二〇年に現在の二倍超となり、アジアの消費市場が一六兆ドルを超えて米国やEUの消費市場を上回る」ことが指摘された。また、ジェトロ（日本貿易振興機構）も高橋編

『世界の消費市場を読む――中間層を軸に広がるビジネスチャンス』（二〇一〇）と、大木編『アジアの消費――明日の市場を探る』（二〇一一）を立て続けに刊行し、中間層の所得の伸びが今後の世界市場に大きな影響を与えていくことを示した。

このアジアでの「中間層の増大」と「消費市場の拡大」ということを踏まえ、経済産業省は二〇一二年に『新中間層獲得戦略――アジアを中心とした新興国とともに成長する日本』と題した小冊子を出している。そこでは、アジアを中心とした新興国で急増する中間層をターゲットとすることが、日本企業の将来の鍵となることが謳われている。

以上のような各機関による分析や予測は、その後、たびたび新聞やビジネス雑誌の記事に引用されるようになり、「アジアの中間層の増大が消費市場を拡大させている」という認識が広がっていった。現在、多くの企業関係者が当たり前のようにアジアの中間層の増大や中間層市場の拡大を口にするのも、このような分析を目にしたからに他ならない。

†中産階級、中流階級、新中間層

ここで、少し言葉の整理をしておきたい。そもそも「中間層」には二種類のものがある。世の中が一握りの富豪（王侯貴族、大商人、大地主）と圧倒的多数の貧困層とから成っていた時代の中間層と、その後の産業革命による経済発展によって大量に生まれた中間層との二種類である。前者は「旧中間層」と呼ばれ、富裕な自営農民や経営者など何らかの権益を有しそれなりの資産を所有する人々をさす。これに対して、後者は「新中間層」と呼ばれている。新中間層は給与労働者とくにホワイトカラー（技術者含む）を中心として、それに医師、弁護士などの自営業者を含んだものであるため、「中流階級」という呼び方もなされてきた。

本書では、産業革命後に現れた「新中間層」および「中流階級」に相当する人々を「中間層」と総称する。これは「中間層」という呼称が広く使われている実態に合わせたものである。

さて、中間層が登場するのは、欧州では産業革命期の一九世紀のことであり、日本では明治末期から大正時代であった。アジア諸国においても出現したが、それは一九八〇年代以降のことである。中間層の特徴は、洋の東西を問わず、いち早く経済発展を遂げた大都市で大量発生したことであった。したがって、それは「都市中間層」とも呼ばれてきたが、近年では地方でも増大しており実態に合わなくなっていることから本書では用いない。

表 4-1　中間層の定義

機　関	基　準	金　額（注）
世界銀行	世帯年収	3,914〜16,746 ドル（PPP）
ユーロモニター	世帯年収	5,001〜35,000 ドル
経済産業省	世帯年収	5,001〜35,000 ドル
アジア開発銀行	1人・1日当たり支出額	2〜20 ドル（PPP）
ILO	1人・1日当たり生活費	4〜13 ドル
AC ニールセン	1日当たり可処分所得	16〜100 ドル
ゴールドマンサックス	1人当たり GDP	6,000〜30,000 ドル

注：PPP とは購買力平価

†中間層の定義

では、近年注目を集めている中間層とは、どのような人々だと定義されているのであろうか。

表4－1は、中間層を定義する所得や支出の基準値を比較したものである。これによると、世界銀行、経済産業省、アジア開発銀行、ILO（世界労働機関）、民間の調査機関など、調査主体によって定義がバラバラであることが分かる。たとえば、世帯年収を基準とする場合も、世界銀行はブラジルの平均年収からイタリアの平均年収までの間が中間層と定義しているが、日本の経済産業省はシンプルに年収が五〇〇一〜三万五〇〇〇ドルを中間層と定義している（これは英国の民間調査会社ユーロモニター社の基準に準拠したもの）。また、一日当たりの額を基準とする場合では、アジア開発銀行は一人・一日当たり支出額で二〜二〇ドルと規定し、ILOは一

人・一日当たり生活費で四～一三ドルが「新興中間層」、一三ドルを超えると「上位中間層」としている。民間の大手調査会社もそれぞれに基準を設けているが、こちらもまちまちである。

わが国で最もよく用いられる定義は、経済産業省が採用した「世帯年収が五〇〇一ドルから三万五〇〇〇ドルまで」というものである。分かりやすいように一ドル一〇〇円で換算すると、年収五〇万円から三五〇万円となる。ただし、これではあまりに幅が広いので、後にみずほ総合研究所が五〇〇一ドルから一万ドルまでを「下位中間層」、一万ドル超から三万五〇〇〇ドルまでを「上位中間層」と分けて捉えた。この区分も経済産業省が採用し広く定着している。しかし、このような定義も、特別な根拠があるわけではない。

結局、中間層は金持ちでも貧乏でもない人々、つまり中位の所得層という程度のおおざっぱな理解にとどまっている。いわば「中間所得層」と呼ぶべき存在だといえる。それであるのなら、富裕層や貧困層をどのように定義するのかによって中間層の内容や量が変わってくることになる。実際、各種調査機関が算定する中間層の人口は、貧困層の基準をどう設定しているのかによって大きく異なっている。その点でも、中間層はきわめて曖昧な存在なのである。

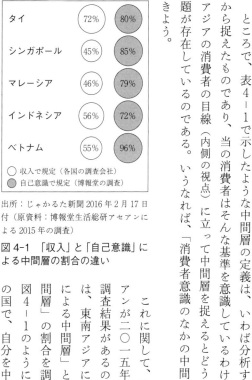

中間層と中間層意識

ところで、表4―1で示したような中間層の定義は、いわば分析する側（外からの視点）から捉えたものであり、当の消費者はそんな基準を意識しているわけではない。つまり、アジアの消費者の目線（内側の視点）に立って中間層を捉えるとどうなるのか、という問題が存在しているのである。いうなれば、「消費者意識のなかの中間層」ということができよう。

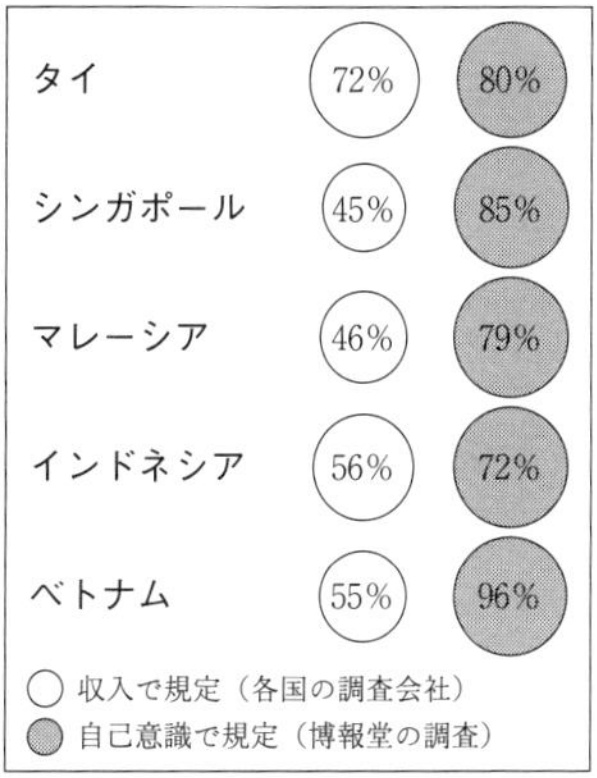

出所：じゃかるた新聞2016年2月17日付（原資料：博報堂生活総研アセアンによる2015年の調査）

図4-1　「収入」と「自己意識」による中間層の割合の違い

これに関して、博報堂生活総研アセアンが二〇一五年に発表した興味深い調査結果があるので紹介したい。それは、東南アジアにおける「実際の収入による中間層」と「自己意識による中間層」の割合を調べたもので、結果は図4―1のようになっている。すべての国で、自分を中間層だと意識している人の方が、実際の所得区分で識別した中間層の数よりも上回っていることが分かろう。とくに、ベトナムでは実際の所得基準では五五パーセントしか中間層として識別できないにもかかわらず、なんと九六パーセントもの人々が自分を中間層だと意識していることが分かる。

実は、このギャップが中間層の消費を考える場合には重要となる。現実の所得がどうであれ、「中間層だ」「中間層でありたい」と思っている人の消費こそが「中間層消費」だからである。

かつて日本には「一億総中流」といわれた時代があった。一九六〇年代のいわゆる高度成長期における話である。所得が低い人ももちろんいたわけだが、彼らも自分を中流だと認識して（思い込んで）、一斉に中流の消費生活を送ろうとした時代があったのだ。換言すれば、自分を中間層だと思う人々の「豊かさ」へのあこがれと、豊かになったことを実感する行為が消費市場を拡大したのである。この頃は、よく知られるように耐久消費財が飛ぶように売れた時代であり、百貨店がにぎわい、スーパーが大量に出現した時代でもあった。

先述のように中間層の定義はバラバラであり、それにより中間層の人口規模も大きく変わってくるが、その定義やそれを基にした人口規模はあくまで目安でしかない。現実に市場を動かしているのは、「豊かさ」を実感したいという思いを持つ人々であり、そのような人々がどの程度存在するのかが重要なのである。そうなると、中間層のパイの大きさは、ますます把握が難しくなる。

†中間層は「階層」か「階級」か

このように中間層が曖昧になっている限り、それが市場に与える影響を適切に捉えることはできない。では、どうすればよいであろうか。

筆者は、中間層を適切に捉えるポイントは、それを「階級」として捉える点にあると考えている。中間層は文字通りに理解するなら「階層」なのであるが、そうではなく「階級」として捉えると、中間層が有する特性が見えてくる。では、「階層」と「階級」は何が異なるのであろうか。

現実には両者は、さほど厳密に区別されることはない。ほぼ同意で使われていることも多く、近年は「階層」という言葉が好んで使われる傾向もみられる。しかし、ここでは話を分かりやすくするため原則論的な視点から、二つの言葉を区別してみたい。

まず「階層」とは、特定の指標の変化軸を一定の指標に基づいて区切ったものである。所得を指標とすると、人々は所得の連続的な変化軸上に位置づけられる。その変化軸のまん中あたりに位置する階層（集団）が所得の中間層となる。この場合は、所得の変化を連続的に捉えているので、上の階層や下の階層との質的な区別はなく、単にどこで区切ったのかというだけの違いになる。もちろん、個別の階層に他と異なる特別な意味を持たせることもあるが、基本的には社会を連続的な重層構造として認識することをさす。

これに対して「階級」とは、基本的には階級ごとの質的な違いを明確に意識する概念である。所得だけでなく他の要素も加えて階級を決めているので、階級間には厳密な意味での連続性はない。したがって、中流階級者の所得だけが増えても、簡単には上流階級に移行はできない。

表4－1のように、近年の中間層は所得の面だけで捉えられている。しかし、中間層が行う意味づけの特徴を探ろうとする場合は、所得面だけを捉えていては駄目である。歴史の中で新しく生まれてきた中間層は、単に所得が中位というだけではなく、新しい価値観を備えた人々であったはずだ。その新しい価値観で、新しい意味づけを生み出し、消費を変革してきたのである。我々が焦点をあてるべきは、まさにその点である。

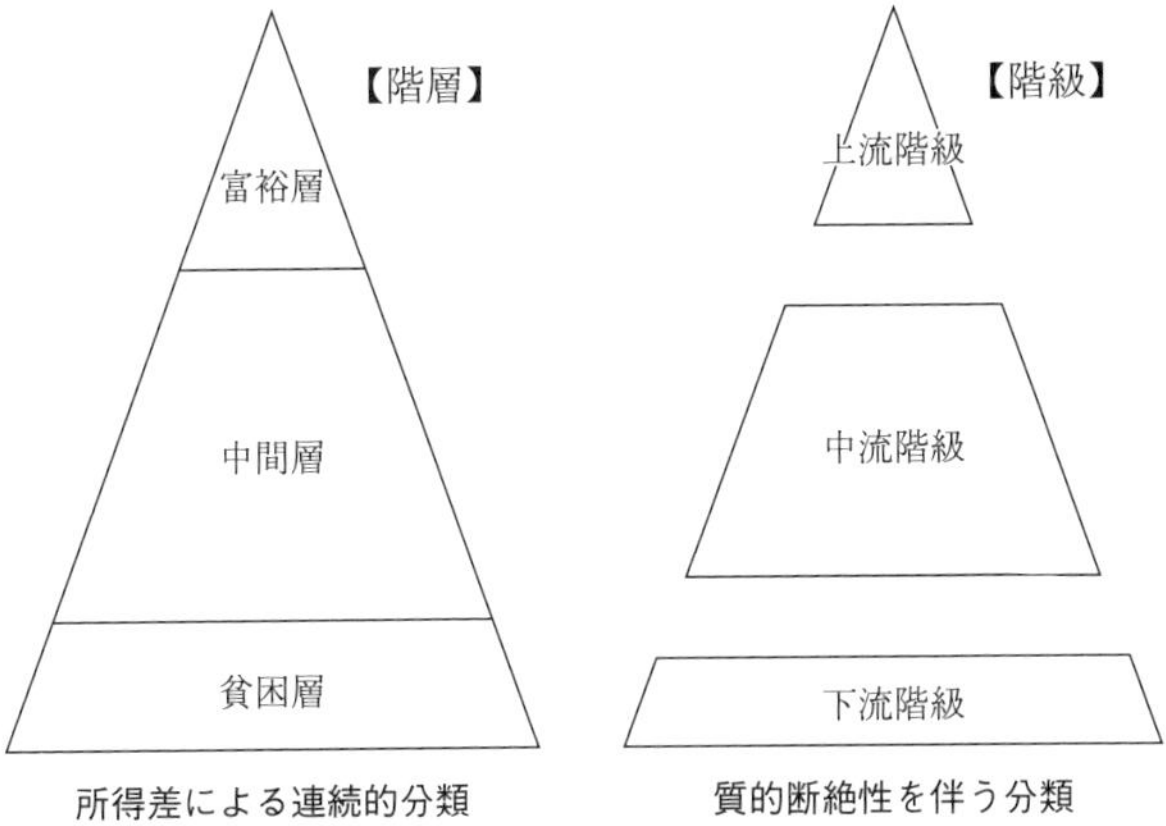

図 4-2　階層と階級のイメージの違い

たとえば、大正時代に急増した日本の中間層は、政治にめざめ民主的な考え方を受容し、いわゆる大正デモクラシーの進展を支えたとされる。彼らは、文学や芸術、学問、そして消費などにも影響を及ぼした。政治学や社会学といった領域が中間層の研究をしてきたのも、それゆえである。そこでは、中間層は所得だけでなく職業（社会的地位）や教育歴（学歴）といった視点からも把握され、中間層が社会や風俗、家族、政治などにどのような影響を与える存在であるのか、どのような変革をもたらす存在なのかということが広く分析されてきた。

また、彼らは家庭や家族の在り方も変えた。近代的な家庭生活を支える「主婦」を生んだのも当時の中間層の家庭であった。主婦が増えたことで、日用消費財領域でさまざまな新しい需要が生まれた。たとえば、手芸・編み物関連商品や調理器具関連の商品が、主婦のたしなみ、家事の効率化、家族への愛情の証といった新たな意味づけを得て市場を拡大した。実際、当時の中間層の旺盛な消費が百貨店をはじめとする小売業を大きく発展させた。彼らは、単に需要のパイを拡大させただけでなく、さまざまな商品に対して新しい「意味づけ」や「価値づけ」を行い、これまでとは異なる商品群の市場を拡大していったのである。

以上のことから、本書ではより一般的な「中間層」という呼称を用いるものの、それを捉えるにあたっては、新しい価値観を備えた「社会階級」として理解することを目指したい。

2　中間層の「階級消費」と意味づけ

†中間層の「階級消費」とは

では、いよいよ消費者としての中間層の姿に迫ってみたい。まず、中間層は歴史的にどのような欲求を持ってきたのであろうか。中間層の欲求には、個人としての欲求と集団としての欲求との二つがある。しかし、わざわざ「中間層」と切り取る限りは、中間層が有する「集団としての欲求（消費）の特性」を知ることが重要となる。中間層は所得が上がった人々であるが、かといってどのような商品でも買う人々ではない。彼らにとってポジティブな意味づけができないような商品は買わない。ならば、中間層が集団としてポジティブな意味づけをする商品とはどのようなものなのであろうか。

中間層の源流は、欧州の産業革命後に都市部で増大した給与労働者であったことはすでに述べた。彼らのうち、上層に位置する人たちの消費には、ある共通した特徴が見られた。まず、自宅には上流階級をまねてサロン（社交の場としての客間）を持つことが流行った。サロンにはやはり上流階級を模してピアノが置かれ、中国や日本風の柄が描かれた磁器や絵画あるいは扇が飾られた。上流階級は日本や中国から高価な輸入品を取り寄せたり、欧州内の名門の職人に東洋風の絵柄のものを焼かせたりしてサロンに飾ったが、多くの中間層が飾ったのは欧州内でつくられた模倣品であった。それゆえ、当時の欧州では中国や日本の工芸品を真似た磁器や飾り物が大量に生産され、それが爆発的に売れた。また、ピアノの需要も拡大したため、手作りの工芸品から工業生産品に転換していった。

このような需要が、特定の社会階級内である時期に一斉に生じる消費であるが、ここではそれを「階級消費」と呼んでおきたい。すなわち、特定の社会階級の人々が特定の商品に「ステイタス・シンボル」「自らの豊かさを実感できるもの」「豊かさを他人に誇示できるもの」といったポジティブな意味づけを行い、一斉に購入する現象である。

これとよく似た消費は、戦後に大量発生した日本の中間層でも見られた。先述のように、日本の中間層は大正時代に増大し、昭和の初めにはかなりの規模に達していたが、その後は第二次大戦によって一旦は壊滅状態になる。それが再び増加し始めるのは、高度経済長が始まった一九五〇年代からであった。高度経済成長期には、企業活動が活発化し、大量のホワイトカラーが大都市部で誕生した。彼らは、田舎から大都市にやってきて給与を得て、やがて家庭を持つようになっていった。一九五〇年代後半からは団地やニュータウンが全国に次々に開発されていったことは周知のとおりである。

当時の日本の中間層の住宅には、ある共通する特徴が見られた。狭隘《きょうあい》な団地は別として、一戸建て住宅には「応接間」と呼ばれる部屋が好んで設けられ、それは住宅の中で最も陽当たりのいい位置を占めていた。富裕層が住んだ洋館などに見られた間取りを模したもので、接客用の部屋なのであるが、中間層に来客は多くないため普段は使用されることが少なかった。応接間は広くもなかったが、その中心にはテーブルとソファーが置かれ、それには多くの場合レースの布が掛けられていた。今では死語となったが、当時は「応接セット」というテーブルとソファー、肘掛け椅子の組み合わせが飛ぶように売れた。

図 4-3　モデルハウスの応接間（1970 年）
（提供：朝日新聞社）

壁には暖炉を模した装飾が好んで施され（暖房機能はなく石油ストーブなどが置かれていたが）、その傍らにはピアノ（アップライト型）が置かれ、ピアノの上にはなぜかフランス人形や日本人形が飾られた。また、別の壁面にはガラスの入った飾り棚（サイドボード）が置かれ、その中には輸入品の洋酒瓶とグラスが並べられたものの、多くの家庭ではめったに使われなかった。飾り棚の中には、国内旅行で買い求めた土産のこけしや小さな飾りものも並べられていた。また、棚に百科事典が並べられることもあった。

重要なことは、急増した日本の中間層がそれらを一斉に買い求めたことである。そのために、建売住宅、住宅用地、住宅用建設資材はもちろん、ソファー、ピアノ、フランス人形・日本人形、サイドボード、百科事典、ベッド、学習机、家電製品、といった耐久消費財の爆発的な需要が発生した。ウイスキーもこの頃からよく売れるようになった。これこそが、日本の中間層による「階級消費」であった。

さらに、中間層が力を入れたのは子供の教育であった。高校や大学への進学率が急上昇していったのもその証左であるが、高度経済成長期には学習塾はまだ少なく、ピアノ、バレエ、習字、そろばんなどの習い事をさせることがブームとなった。嫁入り前の女性のたしなみとして、和裁、洋裁、お茶、お華も流行となった。

一つ上を見る中間層のアイコン

中間層の階級消費はどのような要因で生じるのであろうか。ここでは、ピアノを例にとって、中間層がピアノを一斉に欲しがった背景を探りたい。

欧州の中間層と日本の中間層の消費選好上の共通点は、彼らが一つ上の階級の模倣を積極的に行ったことであった。欧州の中間層が自宅にサロンを設けたり、ピアノを買ったり、それに東洋趣味の飾り（中国や日本の磁器や扇）を置いたりすることは、どれも一つ上の階級の模倣であった。日本の中間層の間でも、高度経済成長期にピアノが爆発的に売れていくが、それも上流階級の模倣だとされる。

ただし模倣のためには、上流階級がどのような暮らしをしているのか、何を所有しているのかを知る必要がある。その情報は、どのようにして中間層に共有されたのであろうか。一九世紀の欧州の中間層は、コンサート会場が新興の中間層と上流階級とが接触する場であったとされる。そこで目にした上流階級の人たちのファッションや振る舞いを積極的に模倣した。ピアノのコンサートも多かったことから、ピアノを購入し子供たちにもピアノを習わせた。ピアノは欧州の中間層にとって、豊かさのアイコンとなった。

一方、一九五〇年代から六〇年代の日本の中間層も上流階級の生活にあこがれた。当時の中間層がベンチマークとした上流階級の家庭がある。それが、一九五八年に皇太子とのご成婚が決まった「美智子さま」の生家である正田家《しょうだ》（日清製粉の創業家一族）であった（福田一九九八）。当時のマスコミは、「美智子さま」に関する情報をテレビや雑誌を通して盛んに流したが、そこに描かれたシーンの中にピアノがあった。正田家はホームコンサートを開くほど音楽への関心が高く、その様子も報道されたが、その結果ピアノは当時の日本の中間層にとっても上流階級の象徴となった。広い庭がある洋館に住んだり軽井沢に別荘を構えることはかなわなくとも、子供にピアノを習わせたり、ピアノを所有したりすることなら背伸びをすれば可能だったのである。

ただし、欧州の中間層に比べると、日本の中間層におけるピアノの普及はいわゆる「大衆層」(中間層の下層部)にまで広がったことが特徴だとされる。欧州では、中間層でもピアノを置くにふさわしい住宅に住めない人々はピアノを求めなかったが、日本では狭隘な住宅に住む下位中間層までもがピアノを求めた(高橋二〇〇一)。

†「階級消費」の終焉

中間層の階級消費は、ある時期に一斉に生じる消費現象であるが、それは時間が経つと共に消滅していくことが、欧州や日本の経験から明らかとなっている。結論的には、すでにアジアの中間層においても、終焉を迎えている部分も多いのである。

たとえば日本の場合では、一九七〇年代の後半に入ると応接間は家庭の間取りから消滅していき、家族団らんの部屋である「リビング(居間)」に置き変わっていった。客をも

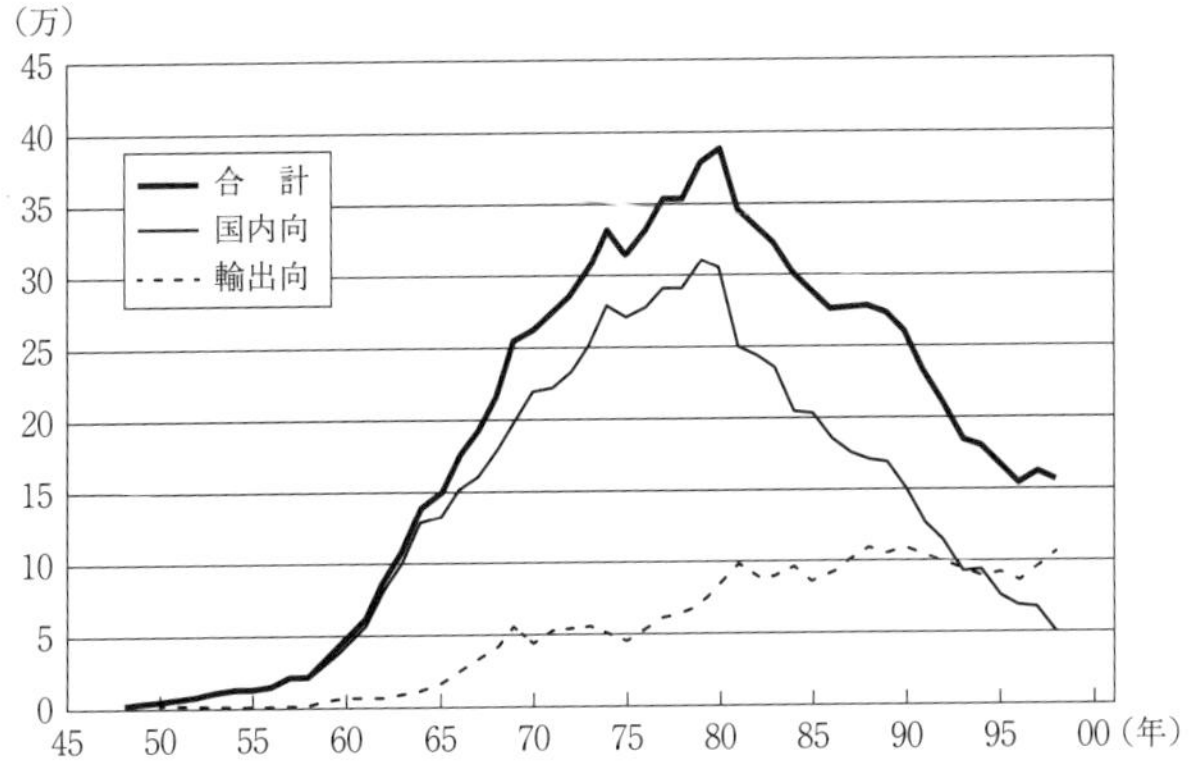

出所：高橋（2001）p. 158、図 2（原資料：通産省『日用品統計年報』『雑貨統計年報』各年版）

図 4-4　わが国におけるピアノ販売台数の推移

てなす応接セットもなくなり、家族がくつろぐためのソファーとテーブルに変わった。日本人形やフランス人形もこの頃から売れなくなっていく。また、サイドボードにわざわざ洋酒瓶やグラスを飾ることもなくなっていった。

ピアノも階級消費の終焉を物語る典型といえる。ピアノ市場の特徴は、一度購入すると買い替え需要が発生し難いため、飽和状態に陥りやすいことである。日本では一九八〇年代に入ると普及率が二五パーセントに達し、図4―4のごとく販売台数が急減していく。ピアノは普及率が二五パーセントに達すると中古市場が形成されて売れなくなっていくことは、米国の経験からも明らかとなっている。

また、一九八〇年代に入ると電子オルガンやシンセサイザーが人気を集めるようになり、さらに安価で音量調整もしやすい電子キーボードがビギナー用に普及したこともピアノ市場に影を落とした。これらに加えて、一九八〇年代には高度経済成長期に子供であった人たちが、結婚や就職で実家を出るのを機にピアノから離れていった。

その結果、高度経済成長期にあれほど日本中に普及したアップライト型のピアノが、多くの家庭で無用の長物と化していった。休眠ピアノは、一説には日本国内に五〇〇万台近く存在するとされる(田中二〇一二)。

すでに述べたように、中間層による階級消費は、多くの場合は中間層としての豊かさを確認するための証としての意味づけや、上流階級を意識(模倣)して周囲にステイタスを誇示するシンボルという意味づけが生んだものである。したがって、そのような意味づけがなくなる、たとえばステイタス・シンボル性が低下し「持っていて当たり前」という意味づけになってしまったり、さらに「持つ必要がない」などといったネガティブな意味づけに変化すると、階級消費は終焉を迎える。

†アジアの「階級消費」

では、アジアの階級消費はどのようなものであったのであろうか。アジアの中間層の出現は、欧州や日本と比べるとかなり遅れた。一九八〇年代の韓国、台湾、香港、シンガポールにおける出現を皮切りに、一九九〇年代にはタイ、マレーシア、インドネシアなどに、二〇〇〇年代に入ると中国やインド、そしてベトナム、フィリピンなどに出現した。近年では、カンボジアやミャンマーなどにも出現しているとされる。

彼らが最初に行った階級消費は、家電製品の所有であった。一九八〇年代から一九九〇年代前半にかけては、韓国、台湾、香港、シンガポールなどで、日本製や現地日系メーカーのカラーテレビ、洗濯機、冷蔵庫などが飛ぶように売れた。一九八〇年代末頃からは、日本の家電専門チェーンが台湾やシンガポールに進出して店舗を増やしていった。一九九〇年代に入ると、その波はタイやマレーシアなどにも広がっていった。

住宅需要も盛んとなって、マンションや戸建て住宅、住宅設備や家具などが大きな市場を形成した。首都の郊外にニュータウンが次々と建設され、そこにはショッピングセンターも建てられ、日本や欧州から百貨店や大型スーパー、大型ディスカウント店が多数進出した。郊外の住宅に中間層が核家族で居住し、自家用車を所有して都心に通勤するスタイルがアジアに広がっていった。それと共に、自動車の市場も急拡大していった。このような一連の階級消費は、一九九七年にアジア通貨危機が起きるまで続いた。その舞台は、アジアＮＩＥｓ（韓国、台湾、香港、シンガポール）とＡＳＥＡＮ（タイ、マレーシア、インドネシアなど）が中心であった。

こうして、アジア的な大家族主義は終焉を迎えた。当時は、アジア各地で民主化運動が起きた時代であったが、それを先導したのも高学歴の中間層だとされた。新しい家族観、仕事観、政治観、教育観などを備えた人々が、新しい消費を牽引し市場を拡大させたのである。

アジア通貨危機後の不況からアジア市場が立ち直るのは二〇〇一年頃である。復活を見せたアジア市場で最初に起きた階級消費は、携帯電話であった。中間層の間で携帯電話が新しいライフスタイルの象徴として「先端的」「かっこよい」「クール（知的）だ」といった意味づけを獲得して爆発的に売れていった。そういう意味づけゆえに、とくに電話を必要としない人たちも、ほとんど電波が届かない地域の人たちも、競って携帯電話を買い求めたのである。

先に欧州や日本の中間層は、「一つ上を見る」、つまり上流階級をベンチマークとしたことを書いた。しかし、アジアの中間層がベンチマークにしたのは、自国の上流階級ではなく欧米や日本の中間層の生活であった。マスメディアが発展し、映画やテレビ、ビデオテープを介して、海外の情報が大量に流入していたからである。たとえば、一九九〇年代には日本のトレンディドラマが中国の中間層予備軍の若者たちを虜にしたが、彼らはドラマのストーリーもさることながら、そこに登場する日本人のファッション、髪型、化粧を「学習」した（呉二〇〇四）。また台湾では、「哈日族《ハーリー》」と呼ばれる熱烈な日本ファンが大量に出現し、日本のアニメやドラマ、タレント、ファッションを追いかけた。近年は韓流ドラマの浸透によって、韓国の中間層もベンチマークにされている。

二一世紀に入ってからは、中国の中間層市場が急拡大した。また、インドネシア、フィリピン、ベトナム、インドといった市場でも中間層が急増した。それらの市場でも、家電製品や住宅および住宅関連商品、携帯電話などの階級消費が見られた。ただし、その対象は韓国製、台湾製、中国製の低価格商品であった。所得的に低位中間層に属する多くの人々が階級消費に参加するようになったからである。日本のメーカーが、そのマスマーケットを捕捉することができなかったことはよく知られている。

このような中、中国で新しい階級消費が顕著となってきている。それは、何とピアノの所有である。日本の高度経済成長期における階級消費の象徴であったピアノは、一九八〇年頃をピークとして販売台数が急減していったことを先に述べた。また、その後は誰も弾かなくなった休眠ピアノが大量に生まれたことも指摘した。その日本の休眠ピアノが、近年、国内の中古買い取り業者を通して大量に中国に輸出されているのである。

中国では、「不要让孩子输在起跑线上」という言葉が流行している。「スタートラインで子供を負けさせるわけにはいかない」という意味である。激しい競争社会の中国では、近年激増した中間層が、一斉に子供の教育に力を入れている。学校の勉強以外に、英語、ピアノ、バレエなどを習わす親が急増しているのである。中国の教育熱は、日本の高度成長期のそれをはるかに凌ぐとされる。そこに、日本の休眠ピアノが流れ込んでいるのである。

日本製の中古ピアノは品質がよく、さらに中国人にはなぜか日本がピアノの「本場」だという感覚が共有されていることもあって、日本製は中古であっても価格が高いとされる。ピアノへの意味づけは、かつての日本と現在の中国ではやや異なるのであるが、高度経済成長期の日本の階級消費のアイコンが現在の中国の階級消費につながっている、という現象には興味深いものがある。

なお、子供への教育という消費は、中国だけではなく東南アジアにも見られる（日本経済新聞二〇一五年二月一三日付）。豊かになると、子供への教育投資に力を入れるという消費行動は、高度経済成長期の日本と同じである。この教育投資については、地域性を超えたアジアの中間層の消費行動として捉えることができるのではなかろうか。

†「階級消費」から小規模集団消費へ

中国のピアノ消費のように、アジアでは一部に子供への教育と絡む階級消費は残るものの、全体的には階級消費のような画一的で爆発的な消費は次第に見られなくなってきた。とくにインターネットが発展してくると、中間層が内包していた多様性が表面化していく。アジアの各市場の中間層は、消費意欲は根強いのであるが、画一的な階級消費を次第にしなくなり、消費の方向性が読みにくくなっている。この状況は、高度経済成長期が終わった後の日本の消費不況の時代（一九七〇年代後半から一九八〇年代末のバブル前まで）に似ているようにも見える。

かつて、一九八五年に一冊の本が注目された。小沢雅子の『新「階層消費」の時代』である。小沢は、「飽和した」「個性化した」などと評された当時の消費を「消費実態調査」や「家計調査」「貯蓄動向調査」などを用いて慎重に分析し、その結果、消費の多様化の要因が、所得や年齢に基づくものではなく、主に金融資産の保有格差による階層分化に存在することを明らかにした。すなわち、高度経済成長期は中流意識の下で横並びの画一消費を行っていた人々（いわゆる大衆）が、次第に金融資産面で階層分化して、階層ごとに異なる消費選好をとるようになったという。つまり、消費は飽和したわけでも、個性化したわけでもなく、画一的な大衆消費から金融資産による階層集団ごとの消費（小沢は「階層消費」と呼んだ）へ構造変化したというのである。

この小沢の分析で重要な点は、一見すると消費は個々人が自分の個性に合わせて判断するようになったかのように見えるが、多くの人はメディアの情報などを頼りに、比較的小規模な集団に分化して消費を行っているという点である。これは、インターネットで簡単に多様な情報が入手できる現代の消費にも当てはまる現象ではなかろうか。残念ながらアジアには日本のような消費データが存在しないので詳細な分析はできないが、多様な集団への分化、階級消費から小規模集団消費への構造変化といったことは、現在のアジア市場にも通じるものがあるように思える。

そもそも中間層は、幅の広い存在であることは表4－1の定義をみても明らかなのであるが、二一世紀に入ってからはアジア各地の中間層内部に多様な選好を持った集団が現れ、多様な消費トレンドが一気に出現してきているように見える。それは、ジェトロや民間調査会社が、各地で生じている新しい消費トレンドや消費者を報じる記事からも見てとれる。その多くは「階級消費」を引き起こすほどの大きなトレンドにはならないが、これまでになかった選好を持つ集団消費が、あちこちで生まれては消えていることがうかがえるのである。したがって、今後はアジア各地の中間層内部の多様な消費集団に光をあて、集団ごとの意味づけの違いを捉える必要があるといえよう。

ただし、その場合、アジアの中間層市場について認識しておかねばならないいくつかのことがある。最後に、それを記しておきたい。

3 中間層市場を捉える視点

†所得はどこから得るのか

まずは中間層の所得についてである。多くの日本の中間層は、所得といえば給与所得をイメージする。しかし、アジアの中間層の所得の出どころは給与とは限らず、不安定な

（変動の大きい）収入の人も多い。また、個人単位よりも家族全員で生活費を稼ぐという発想も見られる。したがって、アジアの中間層の購買力を捉える際には、個人所得よりも世帯所得に光を当てる方が適切である。とはいえ、この世帯所得の中身も非常に複雑である。給与所得を得つつも、副業による収入、口利き料、何らかの権利金、投資用住宅を人に貸した家賃、海外の家族からの仕送りなど多様を極める。また、取引業者から袖の下のような収入を得る人もいるし、中国の公務員なら職務上の手数料（時には賄賂）のような収入もある。それが馬鹿にならない額になることも少なくないといわれる。そのような所得のほとんどは、表に出てこないため把握が難しい。

また、表に出ない所得の中にはキャピタルゲイン（不動産や株式などの資産を売却することによって得られる売買差益）も含まれる。アジアの中間層、とくに中国の中間層や東南アジアの華人系の中間層の多くは投資家の顔を持っている。自分が保有する資金をどのように回転させれば、より大きな利益を生むのかが彼らのテーマである。

それゆえ、株式投資も盛んである。株式の売買に占める個人投資家の比率を見ると、日本が二〇パーセント程度（二〇一七年一月実績）であるのに対して、中国の場合は八〇パーセント超にも達している（『上海証券交易所統計年鑑』二〇一四）。タイも六〇パーセント、韓国も五〇パーセント以上が個人とされる。富裕層は一般に投資機関を介して運用することが多いことから、これらの個人の多くは中間層と推定される。

不動産に対する投資もとくに中国では活発である。複数の住居を所有し、高い家賃の取れる方を他人に貸して賃料を得ている中間層も少なくない。また中国では、世帯総資産の七割が不動産という調査結果もある（人民網日本語版二〇一五年一一月二九日付）。中国ではローンに対する感覚も独特である。手元資金があっても、わざわざローンを組む人が多く、その理由として、手元のキャッシュを投資に回すことができることを挙げる人が多い。この傾向は東南アジアの華人系の富裕層や上位中間層でも見られる。

筆者は、かつてアジアで展開するフランチャイズチェーンの調査をしたことがある（二〇〇五〜二〇〇九年）。日本ではフランチャイズへの加盟は、脱サラをした人などが独立をする際に利用される。有名チェーンの看板をかけて、そのノウハウ指導の下に商売を始められるからである。ところが、アジアでは、投資の一環として加盟する人が多くいる。手元資金を銀行に預けた時の利率と、フランチャイズ店を始めた時の利益率を比較し、どちらが資金の運用に有利かを睨んでいるのである（経営はもちろん人任せである）（川端二〇一〇）。これは、フランチャイズの意味づけが日本とはまるで違うことを意味する。

このような所得源の複雑さや、投資家としての顔が、アジアでの意味づけにどのような影響を与えるのかを考える必要があろう。

†所得額から支出配分へ

これまでも述べてきたように、中間層市場の問題は、所得の絶対額がどう増えたのかということよりも、人々がどのようなものに対して「どうしても欲しい」「何としても買わねばならない」などと意味づけをするのか、という点にある。もし、そのようにポジティブな意味づけがなされたなら、たとえ所得の絶対額が低い市場であっても、その商品は飛ぶように売れる可能性がある。とりわけ、「一つ上を見る」中間層がそのような意味づけをする商品ならば、高価な商品でも爆発的に売れることは歴史が物語っている。ピアノもしかり、自動車もしかりである。

とはいえ、多くの中間層の所得は、そのような高額商品の価格には届かない。人々は現実の所得と欲求とのギャップをどのようにして埋めてきたのであろうか。

そのギャップを埋める仕組みとして最も簡単なものは、支出配分の調整である。要するに、他の商品への支出を抑えてどうしても欲しい商品にお金を集中させることである。現在の日本でも、たとえばブランド品を買うために外食や衣料、化粧品にかける支出を減らして貯金することはよく見られる。所得にさほどの余裕がない人たちが、高価なブランド品を複数所持したり、定期的に海外旅行を楽しむ現象が見られることは、そこに何らかの配分の調整が行われていることをうかがわせる。

このことは、多くの消費財メーカーにとっては、自社の商品を「他への支出を我慢してでも、どうしても手に入れたい」と人々に意味づけさせることができるかどうかが、市場開拓の要諦であることを示している。それは、消費者の所得が多いか少ないかということとは別の問題である。所得はともかく、支出の配分を引き寄せるだけの意味と価値を現地の消費者に提示することが企業側の課題なのである。その意味では、「所得が低いから市場が存在しなかった」などというのは、最も無意味な言い訳といえよう。

†意味づけを実現する仕組み

しかし、現実にはこの支出の調整には限界がある。自動車などの高額品の場合は、調整をしても額が足りない人も多い。また、自動車ほどの高額品でなくても、支出配分の調整は実質的には中間層の中位から上位に位置する人々には有効だが、収入の絶対額が少ない中間層の下位に位置する人々や、中間層でありたいと願う人々には難しいであろう。そうなると、意味づけとその実現の間に断絶が生じて市場は生まれない。

このようなギャップを埋める手法としては、割賦《かっぷ》＝分割払いという仕組みの利用がある。一気には支払う額を用意することは難しいため、何回かに分割して、少しずつ支払っていくのである。アジア市場では一九九〇年以降にとくに家電製品の普及が急速に進んだが、そのほとんどが、この割賦を利用したものであった。図4－5はバンコクの家電店の店頭に並ぶテレビの値札である。一括払いの価格表示（右側）の横に、クレジットカード会社ごとの分割払いの金額（金利込み）が小さく並んで示されていて、消費者が毎月いくらの支払いになるかが一目で分かるようになっている。家電製品の場合は、アジアでは一二回払いが多く見られるが、そうなると利子を含めても価格の一〇分の一以下になる。頭金も不要なので、とりあえず価格の一割弱のお金が用意できれば、高価な家電が入手可能となる。

図 4-5　テレビの値札（バンコクの家電店）

つまり、割賦は「どうしても欲しい」「買わねばならない」と意味づけた商品の購買を実現させる仕組みといえる（川端二〇一一a）。

では、アジアの中間層の豊かさを示す象徴としての自動車はどうかというと、こちらは自動車ローンがその販売を支えてきた。自動車ローンは、新車はもちろん中古車にも利用できる（利率は上がるが）。日本の自動車ローン利用率は二、三割とされているが、たとえばタイでは八割を超える（川崎二〇一五）。またマレーシアでは、中間層の六、七割が利用し、富裕層でも九割近くが利用しているとされる（日本貿易振興機構海外調査部二〇一一）。二〇一二年以降、新車販売台数の一〇〇万台超えが続く東南アジア最大の自動車市場インドネシアも、七、八割がローン利用者とされる（藤井二〇一六）。また、ローン期間もタイでは五年が多く、インドネシアでは七年のものが増えており、さらにマレーシアでは九年の長期ローンとなっている（経済産業省二〇一六）。ローン期間が長ければ長いほど月々の支払額が低くなるため、自動車は購入しやすくなって自動車保有率は高まる。しかし、その分、購入者の実際の所得との乖離が大きくなっていく。このことも踏まえないと中間層市場の実態を見誤ることになる。

このように見てくると、アジアの中間層とは耐久消費財が買えるほど豊かになった人々ではなく、厳密には割賦やローンが利用可能になった人々だということが分かる。したがって、この仕組みを知らずに「アジアの人たちはこんな高価な商品が買えるほど所得が伸びた」「購買力が上昇した」などと解釈するのはやや早計なのである。しかし、実際にはそのような誤解やイメージが広がってきた。このことも、アジアの中間層市場を多くの日本人が見誤る要因となってきた。

†政策と中間層市場

また、中間層市場は政府の政策によって拡大したり縮小したりすることにも留意が必要である。ここではタイの自動車市場を例にとりあげたい。

タイでは二〇一一年夏に大規模な洪水が生じ、多くの工場が水没したため生産活動（とくに自動車産業）と景気が低迷、それへの対応として二〇一一年秋から二〇一二年末まで自動車購入の優遇措置を講じた。それは初めて自動車を買う人のための「ファーストカー減税」と呼ばれるもので、対象者には物品税を上限一〇万バーツ（約三〇万円）払い戻すというものである。これにより、タイでは前年に約八〇万台であった新車の販売数が一気に東南アジアトップの一二四万台にまで跳ね上がった。このように、政府の優遇税措置は大きな反響をもたらしたが、その背後で、自動車ローン市場も急拡大した。

ところが、この措置は思わぬ反動や影響をもたらした。まず、その優遇税措置がなくなると、翌年からは販売台数が減少に転じ、二〇一六年には約七七万台に戻ってしまった。またファーストカー減税は、それまで自動車を買えなかった人々の購入を促したが、無理をして買った人も多かったため、大量のローン破綻者が出てしまった。破綻者の車が、ローン業者によって引き取られ中古車市場に回ったため、一時的に中古車市場が溢れる事態も招いた。結局、政府はその後はローンの引き締め策を実施せざるを得なかった。

一方、中国でも優遇税制度の効果が大きく出ている。これは、二〇一五年一〇月から始まった小型車（一・六リットル以下）の自動車取得税に対する減税である。五〇〇〇元（約八万五〇〇〇円）前後の負担減効果があるとされ、二〇一六年一～一一月分だけで前年の小型車市場を二〇パーセント以上拡大させ、全体の自動車販売台数を一四パーセント以上増加させた（日本経済新聞二〇一六年一二月一五日付）。このような大きな効果もあり、当初予定されていた二〇一六年一二月末での終了を一年間延期することとなった。しかし、やがてこの優遇税制度が終了すれば、タイと同様に小型車の売れ行きは急減すると推測できる。

†金利と家計債務問題

このように、中間層市場は割賦やローンあるいは政府の優遇策が支えてきたのであるが、それらを利用する場合は当然、金利負担が問題となる。すなわち、金利が低下すると消費市場は拡大し、金利が上昇すると市場は縮小する。また、インフレ局面の場合は、多少の金利は物価上昇によって実質的に帳消しになるため割賦やローンによる消費が活発化するが、デフレ局面になると金利の負担感が高まって消費市場が縮小する。つまり、所得の増大による市場拡大や所得の減少による市場縮小とは別のメカニズムが、市場には存在していることがわかる。この金利は、いうまでもなく各国の政府の手中にあることから、ここにも自動車の優遇税制と同様に政策と市場との関係性が見えてくる。

アジア諸国では、二〇〇八年のリーマンショックによる金融引き締めの後は、景気回復を見据えて金利を低く抑える政策がとられてきた。それが、近年における中間層の割賦やローンを利用した消費を活発にさせてきた面がある。

しかし、このような中間層による市場拡大は、他方で中間層の家計債務を増大させる結果を生んできた。家計債務をGDP比で捉えると、タイやマレーシアでは七割近くに達しており（二〇一五年値）、中国やインドネシアでも急上昇している。タイやインドネシアでは、かつてのインフレ時代の記憶から、割賦やローンなどで耐久消費財を購入する傾向があったが、近年はディスインフレ状態（インフレは脱したがデフレには至っていない状態）となって、過去のローンが家計を圧迫しているとされる（坂本二〇一六）。

また、アジアの中間層の中には、目先の商品所有欲に目がくらみ、返済計画が不確かなまま割賦やローンで高額商品を購入する傾向も見られる。その結果、支払いが滞る、いわゆるクレジット破綻やローン破綻が起きている。近年、各国政府はノンバンクの活動を規制したり、クレジットカードの保有に際しての規制（所得制限など）を強めたり、住宅ローンや自動車ローンの借入期間を短縮するといった対応をとってきた。しかし、中間層の欲求と家計債務とのバランスをとるのは容易ではなさそうである。このような姿も、アジアの中間層市場の実態だということを忘れてはならないであろう。

†アジアの中間層の多様化と意味づけ

「中間層」や「中間層市場」という言葉は、いまやビジネスの世界でも当たり前のように使われているが、よく考えてみると、これほど捉えどころのない言葉はない。これまで見てきたように、「中間層の増大」と「市場の拡大」という二つの要素を結びつける文脈は非常に複雑である。要するに、「中間層」という言葉を持ち出すことで直ちに説明できることは非常に少ないのである。

本章では、中間層を所得の変化軸上の「階層」として捉えるのではなく、一つの「階級」として捉えた。「階級」は、「階層」とは異なり集団としての一つの価値観を有している。そして、「一つ上を見る」ように、常に他の階級と自己を対比させながら、モノゴトに意味づけを行っていく特徴を持っている。それが階級消費と呼ばれるものであった。

しかし、近年は階級消費の出現は減ってきている。もともと、中間層は多様性を内包しているため、中間層内に異なる価値観を有する比較的小規模な集団が多数出現してきているからである。この中間層内の多様な集団も、それぞれが異なる価値観をもった「階級」だと理解することが重要である。決して、階層が細分化されただけの存在ではない。

中間層内での多様な階級の出現によって、一つの商品に対する意味づけも多様化が進んできている。したがって、中間層内のどこに焦点をあてるのかを明確にしないと市場は読めなくなってきている。さらに、中間層は消費者という顔だけではなく、ある時は投資家の顔を、ある時は債務者の顔も持っている。同じ人であっても、どのような顔をしているときに、何に対してどのような意味づけを行うのかを、慎重に見定める必要もあろう。加えていうなら、いくら中間層がポジティブな意味づけをしても、それを彼らが実現できる仕組み（たとえば割賦やローン）がないと市場は拡大しない。この点も、市場進出を考えるうえでは重要な視点となろう。

いずれにしろ、中間層を捉える際に注目すべきは、彼らの購買力ではなく、彼らが有するモノゴトの意味づけを変えていく力、新しい意味づけを生み出す力であろう。「中間層」という表面的で形式的な切り取り方がほとんど意味を持たなくなった現在、われわれは市場の深層つまり「意味」の次元で彼らと向き合う必要に迫られているといえる。

終章 # アジア市場の論理——市場のコンテキストに迫るために

1　アジア市場の論理を読む

†市場の「合理性」

本書では、意味づけを生み出す仕組みを「フィルター構造」(第2章)や「市場のコンテキスト」(第3章)あるいは「階級消費」(第4章)といった概念を用いながら提示してきたが、これまで述べてきたことを一言でまとめるなら、「アジア市場には固有の論理が存在する」ということになろう。

ポカリスエットにも、豚骨ラーメンにも、ドラッグストアにも、日本人には分からないアジア市場の論理にしたがった「意味づけ」がなされていた（第1章、第2章）。また、日本人から見れば時代遅れの存在に見える街角の屋台や零細雑貨店にも、アジア市場のコンテキストが生み出す意味に沿った「合理性」が存在していた（第3章）。さらには、注目を集めるアジアの中間層による旺盛な消費の背後にある論理は、日本人が忘れてしまっている高度経済成長期の階級消費の論理として捉える必要があることも分かった（第4章）。日本人から見れば、つまり日本市場のコンテキスト（脈絡）から捉えると、理解不能な消費、非合理的な消費に見えても、それぞれの市場のコンテキストに照らせば、そこには十分な「合理性」が成立しているのである。

このような、それぞれの市場に潜む「合理性」を生み出す論理を捉えるのは極めて難しいことではあるが、それをどう捉えるのかが国際マーケティングあるいはグローバルマーケティングの真の課題だと考えている。なぜなら、市場の論理が読みとけて初めて海外進出戦略が議論できるようになるからである。

†市場を読み誤らせる二つの要因

ところで、このようなアジア市場が有する固有の論理や合理性に目を向けようとする際に、注意すべき二つの課題が存在する。ひとつは「所得要因の偏重」であり、いまひとつは「文化要因の濫用」である。いうまでもなく、所得や文化は市場を捉える重要な手がかりである。ところが、筆者から見ると、これまでの海外市場の分析や個別企業の国際マーケティング行動の分析には、所得要因の偏重や文化要因の安易な濫用がうかがえる。その結果、市場の論理や合理性が適切に読めていないと感じることも多い。そこで、本章ではこの二つの課題を検討し、どのような対応をすべきかを述べておきたい。

まず「所得要因の偏重」問題であるが、市場の可能性を推測する際に、安易に所得の増加に着目する人が非常に多くみられる。富裕層や中間層への注目も、つまるところ所得増加への着目と同意である。また、所得×人口で市場を測る傾向も根強くある。中国市場、インド市場、インドネシア市場などが注目されてきたのも、それゆえである。しかし、すでに述べてきたように、所得の絶対額の増大から読み解ける部分はきわめて限られる。第4章でも述べたように、むしろ「所得の増大」がどのようなプロセスで「消費の拡大」につながるのか、その二つの現象（事実）をつなぐ論理が問題なのである。そして、そのプロセスでは、意味づけの仕組みが中間項として重要な働きをしていることに気がつくべきなのである。そこで、次の第2節では、所得水準を意識しすぎた誤算のケースを紹介すると共に、意味づけを生む市場のコンテキストを捉える手掛かりについて述べたい。

次に「文化要因の濫用」の問題であるが、本書でとりあげてきたアジア市場に潜む独特の「合理性」や「論理」を、「文化」と呼ぶ人も多い。確かに、間違ってはいないであろう。しかし、すでに述べたように「文化」という言葉は、現実にはかなり「手軽」に「便利」に使われてきたがゆえに、その曖昧さをどのようにクリアにするのかが課題となっている。また、文化と言ったとたんに、抜け落ちてしまうファクターが存在することにも留意が必要である。ならば、この文化要因はどのように捉えるべきなのか、第3節で筆者なりの考えを整理してみたい。

以上二つの課題への対応を踏まえたうえで、最後の第4節では市場での意味づけを生み出す根源ともいえる「地域暗黙知」に光をあてることで、海外市場研究の最終的な課題を確認し今後の議論につなぎたい。

2　所得から意味づけへ

†所得水準に対する誤解

ここで、所得と消費との関係を読み違えた過去の経験を一つ紹介してみたい。

名古屋に拠点を置くラーメンチェーンのA社は、一九九五年に初めての海外市場である台湾に合弁で進出した。現在は台湾で二〇店以上を展開するチェーンに成長しているが、進出当初は思わぬ誤算に見舞われた。A社が進出した一九九五年当時の台湾は、一人当たりGDPが日本の六割程度しかなく、所得水準も日本とは差がみられた。そこで、台湾の多くの人たちに自社のラーメンを味わってほしいとの思いから、日本にはない格安ラーメンを台湾向けに用意し、それを台湾での目玉商品にすることとした。そのメニューは、トッピングが少なく、とりあえず自社の麺とスープを体験してもらうことに重きを置いたお試しメニューであった。まずは美味しさを知ってもらってから、次第に高級メニューに誘導しようという戦略であった。

ところが、いざ開店してみると来店客のほとんどが、具が豪華な最も高いラーメンを注文し、格安ラーメンを注文する人はいなかったのである。実は、中華圏の伝統的な湯麺（ラーメン）では、トッピング（具材）が大きな意味を持ち、メニューを選ぶ際の決め手となる。日本でなら、麺がメインでそれにしっかりした味（スープ）が付いていれば、トッピングが少なくても気にならない。したがって、A社の戦略は日本市場のコンテキストに照らせば合理的であった。しかし、台湾市場の意味づけからすれば、トッピングの貧相なラーメンなど論外だったわけである。

また、価格への反応も意外なものであった。台湾では日本に対する評価が非常に高いことはよく知られる。当時はまだ日本の飲食店は珍しかったので、来店客はそれ相応のお金を払うことを前提に来店していた。したがって、具が豪華なラーメンの価格の高さは、日本から来たラーメン店に対する意味づけに沿った価値に見合ったものとして、大した抵抗もなく受容されたといえる。つまり、台湾の所得水準の低さに対するA社の対応は、とりこし苦労に終ったのである。

このA社の市場参入当初の経験は、メニューや価格が持つ意味を考えず所得水準だけを指標とした戦略がいかに誤解を招くかということを端的に物語るケースといえる。

†「意味づけ」をさぐる手がかり

このケースからも分かるように、問題は価格自体にあるのではなく、現地の消費者が日本のラーメン店やラーメン自体にどのような意味づけをするのかという点にあるのだ。換言すれば「どうしても食べたい」と思わせることの方が、価格を下げることよりも重要な要素だったといえよう。

そうであるなら、その意味づけはどのようにして探ればよいのであろうか。繰り返すまでもなく、意味づけを生み出す仕組みは「フィルター構造」や「市場のコンテキスト」であったので、それを把握すればよいことになる。では、それらはどのようにして把握すればよいのだろうか。

まず、フィルター構造は社会の制度的な仕組みのことであるので、市場に投入しようとする具体的な商品やビジネスモデルを念頭に、それに影響を与えると考えられる社会的な諸制度を調べれば、ある程度は把握が可能であろう。しかし、より広い概念である市場のコンテキストは簡単には把握できない。

筆者は、この市場のコンテキストをさぐる「手がかり」となる多くのファクターの中から、とりわけ影響の大きい七つを抽出し、それを市場のコンテキストをさぐる「七つの扉」と呼んだ（川端二〇〇五・二〇〇六）。具体的には次の七つである。

①気候　②民族・人口（年齢構成）　③宗教（信仰も含む）
④市場分布（国土条件）　⑤歴史的経緯　⑥政策（規制や教育を含む）
⑦所得（配分とローン）

これらのファクター（扉）から、その市場のコンテキストの一部が見えてくるということである。もちろん、これらはアジアの各市場の最大公約数的なファクターを提示したものであるため、実際には持ち込もうとする商品ごと、進出先の市場ごとに、手がかりとなるファクターの構成が変化することは言うまでもない。また、各ファクターが意味づけに与える内容は、時期によって変化してくることも言うまでもなかろう。

詳細は川端（二〇〇五・二〇〇六）に譲るとして、ここでは、これらのファクターが意味づけや価値づけとどうかかわるのか、意味づけを読む場合になぜ重要となるのか、についてごく簡単に説明しておきたい。

①の気候の特色が商品の意味づけや価値づけに影響を与えることは、エアコン、衣料品、食品などを思い浮かべれば想像に難くないであろう。たとえば、エアコンの場合、高温多湿な香港ではカビを防ぐ機器という意味づけが強くなるが、夏涼しい欧州では暖房機器としての意味づけが強くなる。

②の民族・人口については、とくに民族構成と人口の年齢構成が重要となる。たとえば、多民族市場では民族ごとの意味づけの違いが問題となろう。したがって、民族ごとの人口構成比が市場のトレンドを規定することになる。また、日本の団塊世代のように人口が多い特定の世代が存在する市場では、その世代固有の意味づけの影響が強く市場に表出することもある。このことから、人口の年齢別（世代別）人口構成も重要な指標となる。

③の宗教（信仰）は、食品や衣料品などへの意味づけの違いをもたらすのみならず、家族観の違いなども含めたライフスタイル全般の意味づけに影響を与えるものである。近年はイスラム教による意味づけと消費との関係に注目が集まっているが、日本と同じ仏教が主流の市場（中国や台湾、タイなど）でも、市場によって仏教の内容が異なっているため、意味づけへの影響も異なっている点に留意すべきであろう。

④の市場分布とは、進出先国における市場の地理的偏在や地域的格差のことをさす。アジア市場は首都圏と地方との間に大きな格差が生じていることも多く、それが商品やビジネスモデルに対する地域的な意味づけの差を生んでいる。多くの日本企業は所得の高い大都市市場に注目しがちであるが、意味づけの違いを正しく読めば地方や農村部の市場を拓くことも可能となろう。

⑤の歴史的経緯が意味づけを生み出すことは珍しいことではない。母国と進出先国の間の歴史的関係が、商品や企業の意味づけに影響をおよぼすことは以前からよく知られてきた。たとえば、台湾の消費者が日本に抱く絶大な信頼感に基づいた日本製品への意味づけも、この歴史的経緯に他ならない。ただし、世代による違いには留意が必要である。

⑥の政策は、投資規制や関税、各種の規制といった市場参入環境に影響するが、それ以上に、そのような政策をベースとした商品やビジネスモデルへの意味づけや価値づけが重要となる。たとえば、ローン金利の低下や優遇税で自動車が急増すると、郊外の小売業や飲食業の意味づけや価値づけが変わる可能性も大きいのである。

⑦の所得の多寡は、単に購買力の指標としてではなく、商品やビジネスモデルの意味や価値をどう変えるのかという視点から捉えられるべきである。その場合は、第4章でも述

べたように配分の仕方やローン（割賦）の利用可能性との関係や資産との関係が重要となるが、この所得ファクターは「どうしても欲しい」と消費者が意味づけた商品の購入を実現させる手段である点を忘れてはならない。

3 文化のどこに光をあてるべきか

†文化要因がもつ課題

近年、海外の消費市場への進出が盛んになるにつれて、進出先市場の文化要因を重視する必要があるといった議論が台頭してきている。実際、海外のマーケティングの現場ではそれへの対応に追われたり、それに翻弄されることも多いとされる。文化要因が重要となるのは、それが市場のコンテキストの中で重要な位置を占め、しばしばモノゴトへの意味づけを決めるカギとなることが多いからである。とはいえ、第2章でも触れたように、文化を巡る議論にはさまざまな問題がある。

主なものを列挙すると、以下のようになろう。

一つ目は、「文化」という言葉は「学者の数だけ定義がある」とも言われるくらい定義が多様であり、それが示す対象や領域も人によって差があることである。したがって、何をどこまで文化要因というのかが曖昧になってしまう。よって、文化という言葉を用いて議論していても、発信側と受け手とのイメージが異なることもあり、どこまで議論を共有しているのかが分かり難い。

二つ目は、「文化だ」と言われると、文化であるのなら議論をしてもしようがないと、そこで思考が止まることである。文化であるなら変えられない、文化は尊重すべき、といった思い込みがあるからだ。そうなると、それへの対応（適応）の選択肢は、文化に合わせる（従う）か合わせないかの二通りしかない。大抵の場合は相手の文化に合わせる道が選択されるのであるが、ではどのように合わせればよいのかといえば、素朴な服従主義（迎合的適応）が説かれることが多く、戦略的な視点からの議論（たとえば文化的な選好を逆手にとったような適応化）はほとんどなされてこなかった。

三つ目は、各市場の文化的な特徴を強調するあまり、各市場をステレオタイプ化してしまうことである。日本企業の海外進出が増大するにしたがって、ビジネス関係の記事や実務家の著書において、「中国ビジネスでは○○が重要」とか「タイの消費市場では△△が重要」といった経験則の披瀝《ひれき》を目にする機会が増えた。確かにそれは興味深いが、それらがそれぞれの市場に対する先入観や固定観念を生むことになっているようにも思える。国際マーケティング領域では、ホール（一九七九）やホフステード（二〇一三）といった文化人類学者の研究が引用されることが多いが、それらもともすれば文化ステレオタイプ化による誤解を招く危険をはらむ。結果的に、文化以外の要因も含めた市場ごとのコンテキスト全体に光をあてる、ということが欠落する要因にもなっている。

†文化的な要因をどう捉えるか

では、文化要因はどのように捉えればよいのであろうか。

筆者は、まずは「文化」という言葉で示される内容の整理をすべきと考える。これが、議論の曖昧さをクリアにしていく出発点となるからである。とはいえ、多様な文化要因を列挙して類型化し整理することは不可能に近いであろうし、あまり意味がないことでもある。したがって、まずは多様な文化要因の性質、すなわちそれらが属する階層特性に着目することにした。それが、左頁の図である。つまり、通常「文化」と表現されているものは、この図のように四つの階層から捉えることができると考えられるのである。

　この四つの階層は、基本的にどれだけ制度化されているか、換言すればどれだけ変化が少ないか（固定的であるか）、あるいは多いか（移ろいやすいか）という視点から区分されている。

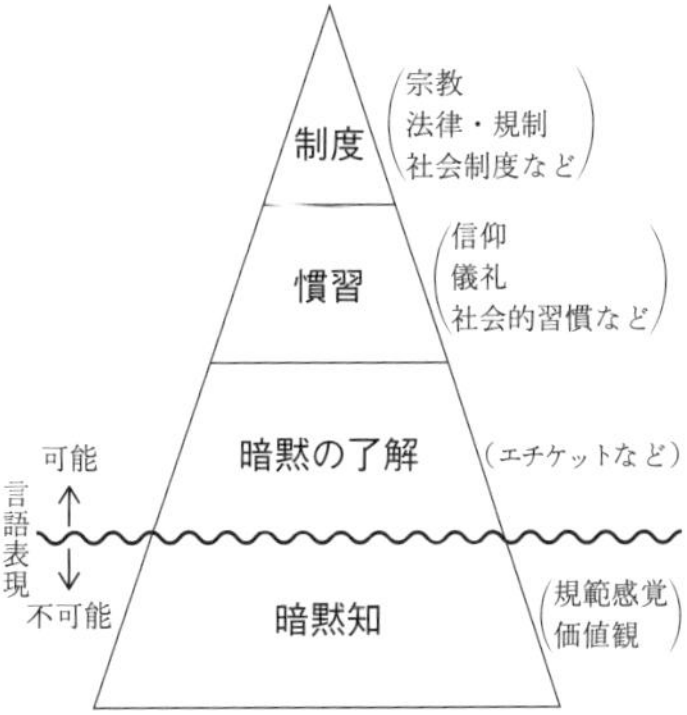

文化の四層構造

　まず、一番上位の階層は、明確に制度化されたものである。法律や規制、社会制度（たとえば社会保障や教育）、宗教などといったものがそれにあたる。しばしば消費に大きな影響を与える宗教の場合なら、キリスト教にせよイスラム教にせよ仏教にせよ、教典などで教義が明文化されており、その内容（教え）を明確に確認しつつ共有化することができる。ひとたび制度化されたものは固定化され、時代を経ても簡単には変化しないのが特徴である。もちろん、同じ宗教でも地域や時代によってそのあり方（教義の解釈や信仰スタイル、戒律など）は異なるのであるが、ここではいかに明確なルールとしてその時代のその地域の人々の間に共有されているのかに焦点をあてている。

二番目の階層に属するものは、制度化はされてはいないが、広く人々の間で共有化されている取り決めごとである。たとえば、宗教というほど明確ではない信仰（俗信）、歴史の中で受け継がれてきた慣習・風習などがその典型であろう。祭りや民俗行事などもそれにあたるが、消費とより密接な関係にあるものとしては、市場における取引慣行や契約慣行、消費者の消費生活上の慣習・風習、たとえば正月にどのような食事をとる習慣があるかといったこともこれに相当する。これらは、明文化はされていないが歴史的に決められてきた比較的明確な社会ルールであることから、その変化は比較的ゆるやかである。

三番目の階層は、もう少し曖昧なもので、ルールというよりも暗黙の了解事項というべきものである。たとえばエチケットやマナーといったレベルのものがそれにあたる。必ず守られるわけではないが、ゆるやかな規範として社会で共有されているものといえる。これは、時代や他の要因との関係で比較的変化しやすいものである。

四番目の基層部を成すものは、暗黙知である。これは社会で共有された価値観あるいは規範感覚というべきものを生み出している。上位の三つの階層は言語で説明可能な明白知であったが、この階層に属するものは言語での説明が不可能な暗黙知であるという点で、根本的に他の三つとは異なっている。

たとえば、どのような化粧が美しいと感じるのか、どのようなサービスが心地よいと感じるのか、どのようなデザインがオシャレだと感じるのか、といったモノゴトへの意味づけの基準はきわめて感覚的で曖昧なものである。それは個人の感覚で決まる部分もあるが、無意識のうちに社会で共有されている規範感覚に基づいて決まる部分もある。それが、この四番目の基層部に存在するものである。ただし、この規範感覚はさまざまな要因との関係の中で、時と共に変化していく点には注意が必要である。たとえば、ファッションや化粧の流行（評価）が目まぐるしく変わっていくことはその典型であろう。

これまで文化要因が述べられる場合は、このような階層（次元）性は意識されてこなかった。宗教などの制度要因から、慣習、マナー、そして心の中の価値観に至るまで、さまざまな次元の文化要因が場当り的に取り上げられてきたのが実態である。

†文化を階層ごとに捉える

文化要因を議論する際には、いま議論している要因、注目しようとしている要因が、どの階層のものなのかを認識する必要がある。というのも、階層によって把握の難易度（調査の仕方）や当該要因の変化の速さが異なるからである。すなわち、先の図でいうと、上層にいくほど固定化が進んだ（簡単には変化しない）要因となり把握しやすいが、下層にいくほど他の要因との関係で変化する可能性が高くなり把握も難しくなる。とくに、第四層の暗黙知の次元は、そもそもどのような問題が存在するのかということ自体の把握が難しく、把握できても比較的短期間で変化してしまうことも多い。

また、階層によって対処の仕方も変わる。第一層のものは制度化された明確なものなので対処は比較的容易である。第二層や第三層への対処も、そのような慣習やエチケットの存在とその内容が適切に把握できさえすれば難しくはない。このあたりまでの階層の要因に対しては、現地に合わせる（迎合する）方向が基本となろう。これまでのマーケティングにおいて、いわゆる「文化適応」とされてきたものは、ほとんどがこの第一〜第三層のものへの対処（迎合）である。しかし、第四層の要因への対応は、必ずしも現地に合わせればよいということにとどまらない。第四層の要因を考える際は、より意味づけとの関係を考えることが重要となる。

たとえば、第3章で紹介した香港ワタミは、香港の消費者の食の嗜好（食文化）に合わせずに日本とまったく同じメニューと味つけを貫き「本物感」を演出したことで成功している。つまり、香港に多数ある香港人が経営する日本料理店は、味が香港人の食への規範感覚に合わせて塩分を控えめにした味つけにしてあるが、香港ワタミは各テーブルにおかれる醬油も日本製にするほど日本風に徹したため、「本物」の日本料理が食べられる店として意味づけられたのである。そして、それが地場の日本料理店との差異化をもたらした。

このような戦略は、見かけは日本と同じなので標準化戦略のようにも見えるが、香港消費者の味への規範感覚を「逆手にとった」適応化戦略といえる。つまり、第四層にある文化要因への対応は、現地の規範感覚（味に対する価値観）とのギャップを「どう利用するのか」といった視点からの検討が必要となるのである。これは、訪日客向けのマーケティング対応を考えると、すぐに理解できよう。訪日客の母国での規範感覚と日本の規範感覚のギャップをいかにすれば感じて（楽しんで）もらえるのかが、観光マーケティングのひとつの課題だからである。

ところで、この四つの階層性の存在は、多様な文化要因を分類して捉える必要性だけではなく、一つの文化要因を四つの階層視角（次元）から捉えて検討する必要性があることも示唆している。たとえば、イスラム教における食のハラール規制を考えてみよう。ハラール規制については、日本人は第一層のイスラム法で決められたルール（認証機関によるルール）だけを絶対的なものと考えがちである。しかし、他の階層から捉えると、そうとも限らないことが見えてくる。第二層の慣習のレベルでハラール問題を捉えると、地域によって慣習的にその許容範囲が異なることもある。また、海外滞在中はハラールを完全に守れなくても仕方がないという暗黙の了解も人々の間で共有されている（第三層）。さらに、最終的にどこまで厳格にハラールを守るのかは、第四層の各自の規範感覚に委ねられている。この規範感覚は個人の感覚に依拠している部分もあるが、各市場ごとに共有されている感覚に依拠している部分が存在することが重要となる。第四層では、まさにこのような社会で共有された規範感覚に注目しなければならない。

この点について、もう少し説明しておきたい。たとえば、ある市場におけるハラール規制に対する消費者の規範感覚を見ていると、その規制をどこまで守るのかは、政治的な動き、教育、時代の風潮やトレンド、各世代が有する感覚といったものの狭間で揺れ動いている傾向が見てとれる。たとえば近年のインドネシアでは、都市部の若い世代の間にアルコール飲料を受容する動きも見られるが、これも規範感覚が動態的な側面をもつことを示している。それゆえに、一つの文化要因の影響をステレオタイプ化して捉えることはできないし、また同じ市場においても世代によって異なる対応をとる必要も出てくる。

このように、食のハラール規制という文化要因を考える場合は、階層（次元）ごとに捉えてそれぞれへの対応策を考える必要がある。たとえば、日本の食品をイスラム市場に持ち込むにあたっては、第一階層のイスラム法でのルールに基づいて対応するだけでは不十分といえる。ハラール規制を第二層、第三層、第四層の次元で捉えるとどうなるのか、その商品がどのような意味づけをされるのかも踏まえて、どこまで厳格に守るのか、どうすればイスラム教徒に彼らの規範感覚に合致した安心感を与えられるのか、といったことを検討することが求められる。それこそが、真の文化適応の姿だといえるのである。

†文化要因と市場の実態

このように、文化要因は重要ではあるが、とはいえそれに目を奪われすぎると、市場の実態が見えなくなる危険性が生じる。そのことがよく分かるケースを一つ紹介しておきたい。

北陸に拠点を置くラーメンチェーンのB社は、一九九二年に初めての海外市場としてタイに出店し、さまざまな苦労を経て現在では一〇〇店舗を超える同国最大のラーメンチェーンに成長したことで知られる。地方の外食企業の国際化における先駆的な成功事例として、高く評価されている企業である。

しかし、このような企業でも、二〇〇一年に進出したマレーシア市場では文化適応を巡って厳しい洗礼を受けている。マレーシアはイスラム教を国教とするため、ハラール対応が必要となる市場である。豚肉やアルコール類はもちろん、豚由来の成分が入ったものは一切使えないし、消毒用のアルコールすらも使えない。そこでB社は、日本やタイで人気を集めている豚骨スープのラーメンに代えて、鶏ガラから採ったスープを使った完全ハラール対応のラーメンを開発した。

ただし、食材や店舗にはかなりのコストがかかったとされる。イスラム教のルールに従うなら、鶏にしても、適切なエサを食べさせ適切な環境で育てた鶏で、かつイスラムの正しい手続きによって屠殺されて血を抜かれた鶏でないと使えないし、その輸送にもハラールの規制がかかる。また、調味料もハラール認証を受けたものでないと使えない。さらには、調理場もハラール対応がなされている必要があったのである。

ところが、いざ開店してみると、予想したほど客足が伸びなかった。そもそも、マレーシアは「地元っ子」を意味するブミプトラと呼ばれるマレー系住民が六割、華人系住民が三割、インド系住民が一割の多民族国家である。大多数を占めるマレー系住民がイスラム教徒であり、ハラールを重んじる。ところが、所得の平均値を見ると、華人系住民がトップで、次にインド系住民、そしてマレー系住民（ブミプトラ）が一番低い。世帯所得の平均値を民族別に見ると、イスラム教徒のマレー系住民は華人系の七割の所得しかないのである（二〇一二年値）。また、日本のラーメンに対して大きな関心を示したのは華人系住民であり、価格が高くても食べてみたいという欲求が強かった。

つまり、日系ラーメン店のような外食レストランの来店客は、所得が高く日本のラーメンに関心が高い華人系住民がほとんどだったのである。しかし、華人系住民の感覚からすれば、なぜ日本のラーメン店なのに豚骨ラーメンが置いていないのかという話になる。ハラール対応が仇になってしまったといえよう。結局、その後のさまざまな努力にもかかわらず、B社は二〇〇七年にマレーシア市場から撤退する決断をしたのであった。

このB社の失敗は、文化要因であるハラールへの制度的対応（第一層）を重視しすぎた余り、民族ごとのラーメンへの意味づけの違いという第四層の規範感覚の問題や、民族間の経済格差という文化以外の要因が十分に考慮されなかったことが災いしたケースといえる。

4 「地域暗黙知」の次元へ

†市場で共有された規範感覚

前節の「文化の四層構造」（二〇五ページ）の基層部分の「暗黙知」は、社会で共有された価値観あるいは規範感覚というべきものであると述べた。しかし、それは単に文化の一階層にとどまるものではない。この暗黙知こそがモノゴトの意味づけを根源的なところで支配しているからである。

たとえば、「これは便利である」「これは安心できる」といった意味づけは、個人的な好みも入ろうが、多くの部分は当該市場（地域）の人々が共有している「当たり前」の感覚に照らした意味づけである。この当たり前の感覚は、その地域が有する自然環境、歴史的経緯、政治的環境、経済的環境、文化的環境の中で長年暮らすうちに、人々の間に共有されるようになった感覚であり、まさに地域に埋め込まれた暗黙知に依拠したものである。

「日本の常識は世界の非常識だ」などといわれるのも、その常識（当たり前の感覚）が地域の暗黙知に依拠しているゆえである。

筆者は、この地域に埋め込まれた暗黙知を「地域暗黙知」と呼んでいる。本書では、市場における意味を生み出す仕組みが「市場のコンテキスト」であると述べてきたが、市場のコンテキストとはこの地域暗黙知の中の消費のあり方を規定する部分だけを取り出し再編したものである（川端二〇〇六）。

さて、国境を越えて異なる市場に商品やビジネスモデルを持ち込むと、その市場には母市場とは異なる地域暗黙知が存在するため市場のコンテキストもまた異なる。したがって、母市場とは異なる意味がその商品やビジネスモデルに付与されることになるのである。国境を越えることで生じるこの意味の違いをどう読み取るのかが、国際マーケティングでは非常に重要となる。

ところで、そもそも暗黙知は個人の経験の蓄積を通して身に付いた知であるが、それがなぜ市場（地域）で共有され、市場（地域）ごとの規範感覚として商品やビジネスモデルにローカルな意味づけを行うようになるのであろうか。次に、この暗黙知の共有プロセスについて説明しておきたい。

†暗黙知とその共有化

暗黙知（tacit knowing）は、科学哲学者のマイケル・ポランニー（M. Polanyi, 一八九一〜一九七六）が提唱した概念である（ポランニー二〇〇三）。しばしば「身体知」「技能」「勘」のことだと理解されることもあるが、これはやや誤解を招く表現である。より正確には、暗黙知はいわば「意味づけの技法（知的操作のノウハウ）」だと捉える方が適切であろう。部分を全体の中で意味づけて理解するという技法である。

どういうことかというと、たとえばペダルのこぎ方やハンドルさばきをいくら部分的に切り離して練習しても、スムーズに自転車に乗ることはできない。ペダルのこぎ方やハンドルさばきが一連の動作（流れ）の中で位置づけられることによって、初めて乗れるようになるからだ。換言すれば、各部分（要素）は、「統合化された全体」（中村二〇〇〇）の中で意味づけられているのであり、そうなって初めて各部分は「認識」されたと言えるのである。このように、感知された個別の要素を、統合化された全体の中で意味づけて認識する脳の技法が暗黙知であり、それは言語ではうまく説明できない知である。このような暗黙知を獲得するには、「経験の積み重ね」が重要なカギを握る。

こう述べてくると、暗黙知は個人に備わる技法や勘のようにも思えるが、必ずしもそうとはいえない。暗黙知が「経験の積み重ね」によって獲得できる知であるとするのなら、その経験を他人と共有している場合は、それに関わる暗黙知も共有できる場合があるからだ。たとえば、会社の同じ課に属し何年間か同じ仕事をして、さまざまな経験を共有した上司と部下たちなら、その組織内にいわゆる「あうんの呼吸」が生まれることがある。これが組織内における暗黙知の共有化である。そうなると、上司の指示を待つことなく、部下は次の指示や判断を予測して行動をとれるようになり、それが効率の良いチームワークを生み出す。つまり、組織内で共有化された暗黙知が、集団内の規範となって部下たちの行動や思考を制御していくのである。ポランニーも、集団内にはそれを統制する「相互制御システム」が形成されることを指摘している（ポランニー二〇〇三）。暗黙知の集団共有は、このような規範による制御を生み出すのである。これは、野球やサッカーのチーム内でも起こっていることであろう。

†究極の市場研究とは

このように、暗黙知は経験の共有を通して他人と共有されるのであるが、それは会社やチームといった組織内にとどまらず、より大きな集団である市場（地域の消費者集団）においても生じる。同じ市場（地域）で長年にわたり生活をしている消費者は、同じ気候の下、同じ社会制度の下、同じインフラ環境の下、同じ情報環境の下、同じ文化環境の下で生活し、同じ災害や同じ経済変動や同じ文化イベントの経験を積み上げてきている。長年にわたり生活経験を共有し蓄積する中で、何が安全で、何が新しくて、何が機能的であるのか、といった意味づけの基準となる規範感覚が形成（共有）されていくのであるが、ひとたび規範感覚が共有されると、逆に消費者がそれに制御されていく現象も起こりえる。つまり、先述の「相互制御システム」の形成は市場内でも生じるのである。その結果、その市場の消費者であれば、ある商品に対して同じような意味づけをしてしまう状態が生じる。

この暗黙知の社会的な共有は、同じ世代の人同士（生年コーホート内）でも生じる。年齢が同じ集団は、同じ環境下で似たような経験を同じタイミングで積み重ねて成長するため、規範感覚＝暗黙知が共有されやすいのである。これが世代暗黙知である。先にインドネシアのイスラム教徒の若者の中にはアルコールを許容する人もいることを述べたが、そのように同じ市場内においても世代ごとに規範感覚やモノゴトへの意味づけが異なってくるのは、この世代暗黙知の異なりゆえである。日本における団塊の世代、バブル世代、就職氷河期世代、ゆとり世代などと呼ばれる世代集団も、それぞれの集団ごとに共通した規範感覚、つまりモノゴトへの意味づけに一定の傾向（クセ）が見られるとの指摘があるのは周知のことであろう。

地域暗黙知に関する説明は、本書ではこの程度にとどめるが、各市場に存在する地域暗黙知の次元の研究こそが、究極の市場研究になるといえる。地域暗黙知についての詳細は、また機会を改めて述べたい。

日本企業の海外市場進出は、まだ始まったばかりである。今後は、このような市場の地域暗黙知への関心が高まっていくことを願いつつ筆を置きたい。

主要参考文献

阿久津聡／石田茂（二〇〇二）『ブランド戦略シナリオ』ダイヤモンド社

石井淳蔵（二〇一四）『寄り添う力』碩学社

呉咏梅（二〇〇四）「プチブル気分と日本のテレビドラマ」（王敏編『〈意〉の文化と〈情〉の文化』中公叢書所収）

大木博巳編著（二〇一一）『アジアの消費』ジェトロ

小沢雅子（一九八五）『新「階層消費」の時代』日本経済新聞社

川端基夫（一九九九）『アジア市場幻想論』新評論

――（二〇〇〇）『小売業の海外進出と戦略』新評論

――（二〇〇五）『アジア市場のコンテキスト【東南アジア編】』新評論

――（二〇〇六）『アジア市場のコンテキスト【東アジア編】』新評論

――（二〇〇七）「グローバルリテイラーと途上国のコンテキスト」（『龍谷大学経営学論集』第四七巻三号、六六〜七六頁）

――（二〇一〇）『日本企業の国際フランチャイジング』新評論

――（二〇一一ａ）『アジア市場を拓く』新評論

――（二〇一一ｂ）「商品の「意味」と「価値」を白紙から考え直すことが核心」（日本経営協会『OMNI・MANAGEMENT』二〇一一年一月号、一二〜一五頁）

――（二〇一三）「消費市場の解読法」（『The Monthly NNA　アジア消費者ラボ』第二～六号）
――（二〇一六）『外食国際化のダイナミズム』新評論
ギデンズ、A（一九九三）『近代とはいかなる時代か？』松尾精文・小幡正敏訳、而立書房
経済産業省（二〇〇九）『通商白書〈2009〉』日経印刷
――（二〇一〇）『通商白書〈2010〉』日経印刷
――（二〇一二）『新中間層獲得戦略』経済産業調査会
高橋一郎（二〇〇一）「家庭と階級文化」（柴野昌山編『文化伝達の社会学』世界思想社所収）
高橋俊樹編著（二〇一〇）『世界の消費市場を読む』ジェトロ
田中智晃（二〇一一）「日本楽器製造にみられた競争優位性」（『経営史学』第四五巻四号、五二～七六頁）
中村雄二郎（二〇〇〇）『共通感覚論』岩波現代文庫
西原稔（二〇一三）『ピアノの誕生・増補版』青弓社
福田和也（一九九八）「近代日本人と「山の手」という自意識」（岩渕潤子・ハイライフ研究所山の手文化研究会編『東京山の手大研究』都市出版所収）
ホール、E（一九七九）『文化を超えて』岩田慶治・谷泰訳、TBSブリタニカ
ホフステード、G／ホフステード、G・J／ミンコフ、M（二〇一三）『多文化世界』岩井八郎・岩井紀子訳、有斐閣
ポランニー、K（一九七五）『大転換』吉沢英成訳、東洋経済新報社
ポランニー、M（二〇〇三）『暗黙知の次元』高橋勇夫訳、ちくま学芸文庫
前間孝則・岩野裕一（二〇〇一）『日本のピアノ100年』草思社

三浦俊彦（二〇一三）『日本の消費者はなぜタフなのか』有斐閣

電子ジャーナル、ウェブ記事他

川崎大輔（二〇一五）「変換期にいるタイ自動車ローン市場」二〇一五年二月一二日掲載
(http://response.jp/article/2015/02/12/244092.html)

経済産業省（二〇一六）「新興アジア諸国における自動車の需要動向等調査事業報告書」
(http://www.meti.go.jp/meti_lib/report/2016fy/000441.pdf)

坂本貴志（二〇一六）「アジア新興国の家計債務が投資リスクを拡大」（三菱総研「ＭＲＩマンスリーレビュー」二〇一六年九月号、http://www.mri.co.jp/opinion/mreview/topics/201609-5.html)

田中智晃（二〇一一）「鍵盤楽器市場をめぐるヤマハのビジネスモデル」("MMRC DISCUSSION PAPER SERIES" No. 337, http://merc.e.u-tokyo.ac.jp/mmrc/dp/pdf/MMRC337_2011.pdf)

日本貿易振興機構（ジェトロ）海外調査部（二〇一一）「アジアにおけるリテール金融調査」
(https://www.jetro.go.jp/ext_images/jfile/report/07000671/retail_financial_market.pdf)

藤井真治（二〇一六）「自動車メーカーのアジア・インド戦略を読む」（株式会社ＡＰスターコンサルティングウェブサイト内ブログ二〇一六年八月一四日付、http://www.ap-star.jp/blog/b160814.html)

ちくま新書
1277

消費大陸《しょうひたいりく》アジア
――巨大市場《きょだいしじょう》を読《よ》みとく

二〇一七年九月一〇日 第一刷発行

著者 川端基夫（かわばた・もとお）
発行者 山野浩一
発行所 株式会社 筑摩書房
東京都台東区蔵前二-五-三 郵便番号一一一-八七五五
振替〇〇一六〇-八-四一二三
装幀者 間村俊一
印刷・製本 株式会社 精興社

乱丁・落丁本の場合は、左記宛にご送付ください。送料小社負担でお取り替えいたします。
ご注文・お問い合わせも左記へお願いいたします。
〒三三一-八五〇七 さいたま市北区櫛引町二-六〇四
筑摩書房サービスセンター 電話〇四八-六五一-〇〇五三

ISBN978-4-480-06984-9 C0233

ちくま新書

1185
台湾とは何か
野嶋剛
国力において圧倒的な中国・日本との関係を深化させる台湾。日中台の複雑な三角関係を波乱の歴史、台湾の社会・政治状況から解き明かし、日本の針路を提言。

1258
現代中国入門
光田剛編
あまりにも変化が速い現代中国。その実像を政治史、文化、思想、社会、軍事等の専門家がわかりやすく解説。歴史から最新情勢までバランスよく理解できる入門書。

1011
チャイニーズ・ドリーム
——大衆資本主義が世界を変える
丸川知雄
日本企業はなぜ中国企業に苦戦するのか。その秘密は、カネも技術もなくても起業に挑戦する普通の庶民のハングリー精神と、彼らが生み出すイノベーションにある！

1223
日本と中国経済
——相互交流と衝突の一〇〇年
梶谷懐
「反日騒動」や「爆買い」は今に始まったことではない。近現代史を振り返ると日中の経済関係はアンビバレントに進んできた。この一〇〇年の政治経済を概観する。

1148
文化立国論
——日本のソフトパワーの底力
青柳正規
グローバル化の時代、いま日本が復活するカギは「文化」にある！　外国と日本を比較しつつ、他にはない日本独特の伝統と活力を融合させるための方法を伝授する。

822
マーケティングを学ぶ
石井淳蔵
市場が成熟化した現代、生活者との関係をどうデザインするかが企業にとって大きな課題となる。著者はここを起点にこれからのマーケティング像を明快に提示する。

1065
中小企業の底力
——成功する「現場」の秘密
中沢孝夫
国内外で活躍する日本の中小企業。その強さの源は何か？　独自の技術、組織のつくり方、人材育成……。多くの現場取材をもとに、成功の秘密を解明する一冊。